［過去問］

2024
埼玉大学教育学部附属小学校
入試問題集

Shinga-kai

埼玉大学教育学部附属小学校

過去10年間の入試問題分析
出題傾向とその対策

2023年傾向

第一次考査で行うペーパーテストは例年通りで、大きな変化はありませんでした。集団テストでは例年と同じように、お手本通り折り紙を折って枠内にシールで貼る課題が出されました。運動テストも例年同様2レーンで連続運動が行われ、スピードを計測されました。第二次考査は2021、2022年度に実施されなかった集団テストが復活し、行動観察が行われました。面接でも例年同様に親子対話があり、家庭の様子を見られました。

傾　向

第一次では例年、20～30人単位のグループに分かれ、ペーパーテスト、集団テスト、運動テストが行われます。所要時間は待ち時間を含めて最大約5時間で、そのうち考査の時間は1時間30分～2時間30分です。第二次は第一次合格者を対象に、集団テストと親子面接（保護者は1人）が行われます。所要時間は最大約4時間で、そのうち考査の時間は約30分です。第三次は、第二次合格者を対象に抽選が行われて合格者が決定します。第一次のペーパーテストでは数量、観察力、推理・思考、構成、模写、巧緻性などが出題され、観察力での同図形発見は細かい点までしっかり見比べる力が必要です。推理・思考での鏡映図や絵の順番を考える問題などもよく出されています。集団テストでは、お手本を見て自分で折り方や重ね方などを考えて形を貼り合わせる観察力・巧緻性の課題が毎年出されています。運動テストはゴム段やマット、跳び箱、平均台などを使った連続運動ですが、どれもスピードが要求されます。ろくぼくを登ってタンバリンをたたくなど、指示通りの運動ができると同時に機敏性も必要となります。集団テストは第二次でも行われ、グループで協力して行う競争やゲームなどが出題されています。2018年度はグループごとに布に載せたボールをできるだけ多く運ぶ競争、2019年度は棒がついた紙皿でボールを運ぶリレー、2020年度は4人で協力してできるだけ高くスポンジを積む競争でした。2021、2022年度の実施はなく、2023年度は紙コップを立てたお盆をビニールシートに載せて2人で運ぶ競争が行われました。第二次の最後には親子面接があり、子どもと保護者1人の2人1組で8～10分間行われます。父母どちら

かの指定は特にありません。本人には生活での習慣や仲のよいお友達、普段の遊びのことなど、保護者に対しては家庭の教育方針と学校の教育目標の関連性、トラブルの際の対処法などの質問があります。また、指定されたテーマについて親子の対話を求められたり、最近では子どもの生活習慣や道徳・公共の意識を見る課題が行われたりすることもあります。

対　策

第一次のペーパーテストで出題される数量は、2番目に多いものを問う課題などがあり、素早く正確に数える力が必要です。観察力の課題では同図形発見が続けて出題されたこともあるので、形の特徴をしっかりつかんで見る力や、細かなところまで違いを見比べる力を養っておきましょう。推理・思考の分野では、基本的には観察力をベースにした、目に見えないところを補う推理力が問われているといってよいでしょう。重さ比べでは1対多の考え方の理解が必要な課題もあるので、数量の基本的な力も必要です。そのほか、物事を順序立てて考える力や話を理解する論理的な力を求める傾向が見られますので、日ごろから物事について順を追ってきちんと話せるかどうかをチェックしてみるとよいでしょう。模写・巧緻性ではお手本と同じ箇所の色塗りなどが毎年出されている課題です。お手本をよく見て位置を特定する観察力とともに、鉛筆だけでなく筆記用具全般の正しい持ち方を見直し、力の入れ方や手早く塗ることなど経験を重ねてしっかり身につけておきましょう。また、線をしっかり引くこと、塗り残しのないように丁寧に塗ること、点線からはみ出さずになぞることを、普段から意識して行いましょう。集団テストの観察力・巧緻性では、同じ形の2～4色の色カードや折り紙、色や形の異なるシールを使ってお手本通りに貼る課題が出されています。自分で重なり方を観察し、手順を考えて行う力が求められます。重ね図形や構成を理解する力も必要になりますので、ペーパーでの推理・思考対策と併せ具体物を用いたり、実際に制作したりしながら力を養っていくことが大切です。また、つぼのりを使うこともありますので、のりを使用した後に手をふくといった生活習慣も身につけておきましょう。運動テストでは基本的な運動ができることと、常に素早く動くことを心掛けておく必要があります。第二次の集団テストではお友達と協力する課題と、個人の判断力や機敏性を問われる課題が両方出される年もあります。普段から自分なりのしっかりした意見を持ち、お友達とも協調性を持ってかかわるようにしてください。面接では親子の対話の様子が見られるので、日常のいろいろな話題について子どもの興味や関心を広げ、親子で1つの課題について話し合う機会を増やしましょう。2016年度は子どものみ上履きを脱いで畳に上がるという指示があり、2017年度は夕食後の過ごし方、2018年度は夕食時のお家の人との約束を問われ、2019、2020、2023年度は絵を見せて社会性や判断力を問う質問がありました。規律の厳しい学校でもあるので、日ごろのしつけにも心を配り、自立心を養うと同時に社会生活を送るうえで大切なマナーや規則正しい生活習慣、判断力を身につけさせていくことも重要です。

年度別入試問題分析表

【埼玉大学教育学部附属小学校】

	2023	2022	2021	2020	2019	2018	2017	2016	2015	2014
ペーパーテスト										
話										
数量		○	○		○	○	○		○	
観察力								○	○	○
言語										
推理・思考	○	○	○	○		○	○	○	○	○
構成力			○	○	○				○	○
記憶										
常識	○				○	○				○
位置・置換										
模写	○	○	○		○					
巧緻性	○	○	○	○	○	○	○	○	○	○
絵画・表現										
系列完成										
個別テスト										
話										
数量										
観察力										
言語										
推理・思考										
構成力										
記憶										
常識										
位置・置換										
巧緻性										
絵画・表現										
系列完成										
制作										
行動観察										
生活習慣										
集団テスト										
話										
観察力	○	○	○	○	○	○	○	○	○	○
言語										
常識										
巧緻性	○	○	○	○	○	○	○	○	○	○
絵画・表現										
制作										
行動観察	○				○	○	○	○	○	○
課題・自由遊び										
運動・ゲーム	○				○	○	○	○		○
生活習慣										
運動テスト										
基礎運動										
指示行動										
模倣体操										
リズム運動										
ボール運動										
跳躍運動										
バランス運動										
連続運動	○	○	○	○	○	○	○	○	○	○
面接										
親子面接	○	○	○	○	○	○	○	○	○	○
保護者(両親)面接										
本人面接										

※伸芽会教育研究所調査データ

小学校受験Check Sheet

　お子さんの受験を控えて、何かと不安を抱える保護者も多いかと思います。受験対策はしっかりやっていても、すべてをクリアしているとは思えないのが実状ではないでしょうか。そこで、このチェックシートをご用意しました。1つずつチェックをしながら、受験に向かっていってください。

✳ ペーパーテスト編

①お子さんは長い時間座っていることができますか。

②お子さんは長い話を根気よく聞くことができますか。

③お子さんはスムーズにプリントをめくったり、印をつけたりできますか。

④お子さんは机の上を散らかさずに作業ができますか。

✳ 個別テスト編

①お子さんは長時間立っていることができますか。

②お子さんはハキハキと大きい声で話せますか。

③お子さんは初対面の大人と話せますか。

④お子さんは自信を持ってテキパキと作業ができますか。

✳ 絵画、制作編

①お子さんは絵を描くのが好きですか。

②お家にお子さんの絵を飾っていますか。

③お子さんははさみやセロハンテープなどを使いこなせますか。

④お子さんはお家で空き箱や牛乳パックなどで制作をしたことがありますか。

✳ 行動観察編

①お子さんは初めて会ったお友達と話せますか。

②お子さんは集団の中でほかの子とかかわって遊べますか。

③お子さんは何もおもちゃがない状況で遊べますか。

④お子さんは順番を守れますか。

✳ 運動テスト編

①お子さんは運動をするときに意欲的ですか。

②お子さんは長い距離を歩いたことがありますか。

③お子さんはリズム感がありますか。

④お子さんはボール遊びが好きですか。

✳ 面接対策・子ども編

①お子さんは、ある程度の時間、きちんと座っていられますか。

②お子さんは返事が素直にできますか。

③お子さんはお父さま、お母さまと3人で行動することに慣れていますか。

④お子さんは単語でなく、文で話せますか。

✳ 面接対策・保護者（両親）編

①最近、ご家族での楽しい思い出がありますか。

②ご両親の教育方針は一致していますか。

③お父さまは、お子さんのお家での生活や幼稚園・保育園での生活をどれくらいご存じですか。

④最近タイムリーな話題、または昨今の子どもを取り巻く環境についてご両親で話をしていますか。

2023
2022
2021
2020
2019
2018
2017
2016
2015
2014

section
2023 埼玉大学教育学部附属小学校入試問題

■ 選抜方法

| 第一次 | 当日受付時に抽選が行われ、検査番号（考査の順番）が決定する。考査は1日で、女子、男子の順に約12人単位でペーパーテスト、集団テスト、約24人単位で運動テストを行い、男子96人、女子74人を選出する。所要時間は待ち時間を入れて最大約4時間30分、うち、考査時間は約2時間20分。 |

| 第二次 | 当日受付時に抽選が行われ、検査番号（面接の順番）が決定する。第一次合格者を対象に行動観察と親子面接を行い、男子53人、女子49人の合格候補を選出する。所要時間は待ち時間を入れて最大約4時間。そのうち面接時間は8～10分。 |

| 第三次 | 第二次合格者を対象に抽選。男子38人、女子38人が合格。 |

考査：第一次

■ ペーパーテスト

筆記用具は鉛筆を使用し、訂正方法は×（バツ印）。出題方法は口頭。どの問題も、最初に例題を一緒に行ってから取り組む。

1 推理・思考（回転図形）

・左端の絵を右に1回コトンと倒すと、どのようになりますか。右側から選んで○をつけましょう。

2 推理・思考（対称図形）

・左端のように折り紙を折って、黒いところを切って広げるとどのようになりますか。右側から選んで○をつけましょう。

3 推理・思考（絵の順番）

・それぞれの段の絵を順番に並べたとき、2番目と4番目になる絵に○をつけましょう。

4 常識（仲間探し）

・左端の絵と仲よしのものを、右側から選んで○をつけましょう。

5 模写・巧緻性

・左のお手本と同じになるように、右の絵を塗ったり、点線をなぞったり、足りないところをかき足したりしましょう。色を塗るときは濃さの違いがわかるように塗ってくださ

い。

集団テスト | 別の教室に移動して行われる。

6 観察力・巧緻性

お手本、貼りつけ用の台紙、1／4の大きさに切られた正方形の折り紙（赤、青）各4枚、丸いシール（黄色、直径2cm）12枚が用意されている。

・左のお手本と同じになるように、折り紙を折って台紙の枠にピッタリ入るように置いて、シールで貼りましょう。

運動テスト | 体育館に移動して行われる。

連続運動

テスターがストップウオッチで時間を計測する。指示された手順に従い、AとBの両方を行う。

・運動A…机Aの試験官に検査番号のカードを渡してマスクを置き、床にかかれた四角の中で待つ→テスターの合図でスタートラインから走り、ワニの旗の周りを右から1周する→緑のコーンを右から回ってゴールまで走り、気をつけの姿勢をとる→机Aでカードとマスクを受け取る。

・運動B…机Bの試験官にカードを渡してマスクを置き、床にかかれた四角の中で待つ→テスターの合図でスタートラインからジグザグに張られた高さ約30cmのゴム段を両足跳びで進む→ろくぼくに登りゾウの箱にタッチして降りる→平均台まで歩き、上り坂になるように置かれた平均台を渡ってマットの上に飛び降りる→ゴールまで歩き、机Bでカードとマスクを受け取る。

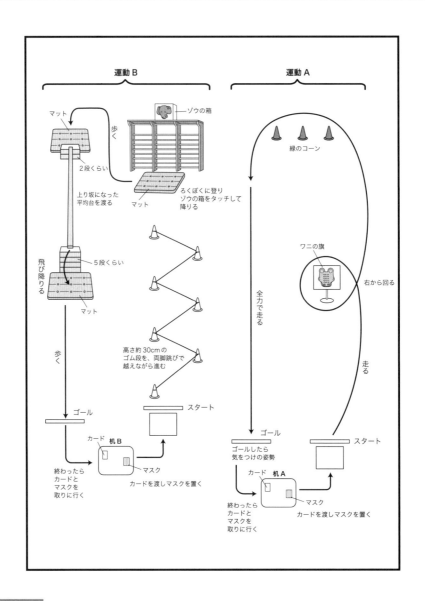

運動B

マット

歩く

2段くらい

上り坂になった
平均台を渡る

マット

ゾウの箱

ろくぼくに登り
ゾウの箱をタッチして
降りる

飛び降りる

5段くらい

マット

高さ約30cmの
ゴム段を、両脚跳びで
越えながら進む

歩く

ゴール

カード　机B

マスク

スタート

終わったら
カードと
マスクを
取りに行く

カードを渡しマスクを置く

運動A

緑のコーン

ワニの旗

右から回る

全力で走る

走る

ゴール

ゴールしたら
気をつけの姿勢

カード　机A

マスク

スタート

終わったら
カードと
マスクを
取りに行く

カードを渡しマスクを置く

考査：第二次

集団テスト

4人ずつのグループに分かれ、2グループ同時に行う。

🔹 行動観察（コップ運び競争）

グループごとにチームになり、2人1組で行う。両端が青い透明なビニールシートに載せられたお盆と、多数の紙コップが用意されている。お盆に紙コップを立て、ビニールシートの青い部分を2人で持って、緑の枠まで運ぶ。途中にはコアラかキリンの旗がついたゴム段があり、そのどちらかを必ずくぐる。緑の枠に紙コップを置いたら、来たときと同じようにコアラかキリンの旗がついたゴム段をくぐってスタート地点まで戻る。元の場所にお盆を戻して次の2人組と交代する。これを何度かくり返し、時間内により多くの紙コッ

プを運んだチームの勝ちとなる。1回戦が終了した後、チーム内で作戦会議をしてから2回戦を行う。

〈約束〉

・紙コップを運ぶときはビニールシートの青い部分以外を触ってはいけない。

・紙コップはお盆にいくつ立ててもよいが、床に落ちたらスタートラインまで戻り、紙コップとお盆を元の場所に戻して次の2人組に交代する。

・行きも帰りも、必ずどちらかのゴム段をくぐる。(同じゴム段でもよい)

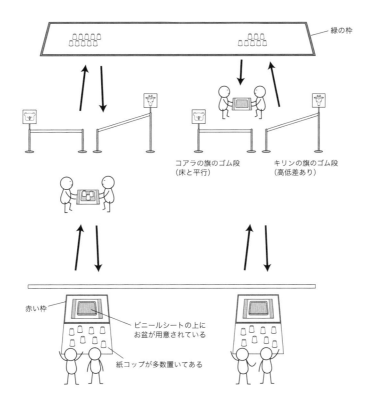

緑の枠

コアラの旗のゴム段
(床と平行)

キリンの旗のゴム段
(高低差あり)

赤い枠

ビニールシートの上に
お盆が用意されている

紙コップが多数置いてある

親 子 面 接　面接官2人(質問者とストップウオッチで時間を計測する人)。

ランプがついたら中に入り、名前を聞かれた後、子どもが検査カードを渡す。スタンプが押されたら検査カードを受け取り、席に着く。

本 人

・お名前を教えてください。

・お隣に座っている人を教えてください。

・あなたが大切にしているものは何ですか。

・お掃除をすると、どんなよいことがありますか。2つお話ししてください。

・お片づけをすると、どんなよいことがありますか。2つお話ししてください。

言語（判断力）

すべり台の順番待ちをしている４人のうち先頭の子が、列の最後尾に並ぼうとしている子に笑顔で呼びかけている絵を見せられる。

・公園のすべり台で遊ぼうとしたら、前に並んでいたお友達に「特別にここに入っていいよ」と言われました。あなたは何と答えますか。

・お休みの日に、どんな遊びがしたいですか。（親子で）50秒で話し合ってください。

・次のお休みの日に何をして過ごしたいですか。（親子で）50秒で話し合ってください。

保護者

・子育てをするにあたり、どなたと協力していますか。

・「あなたの子どもがうちの子どもにけがをさせた」とお友達の親から言われました。あなたはどのように対応しますか。50秒でお話しください。

・学校でお子さんが靴を隠されて先生に相談したところ、先生の指導でその日は返してもらうことができました。ところが後日、また同じように靴を隠されてしまいました。お子さんにはどのように話しますか。翌日以降のことも踏まえ、50秒でお話しください。

・本校の教育目標を述べてください。本校の重点目標の１つである「たくましく」をご家庭で身につけさせることは、どのようなことだと思いますか。ご家庭の教育方針と関連づけながら50秒でお話しください。

1

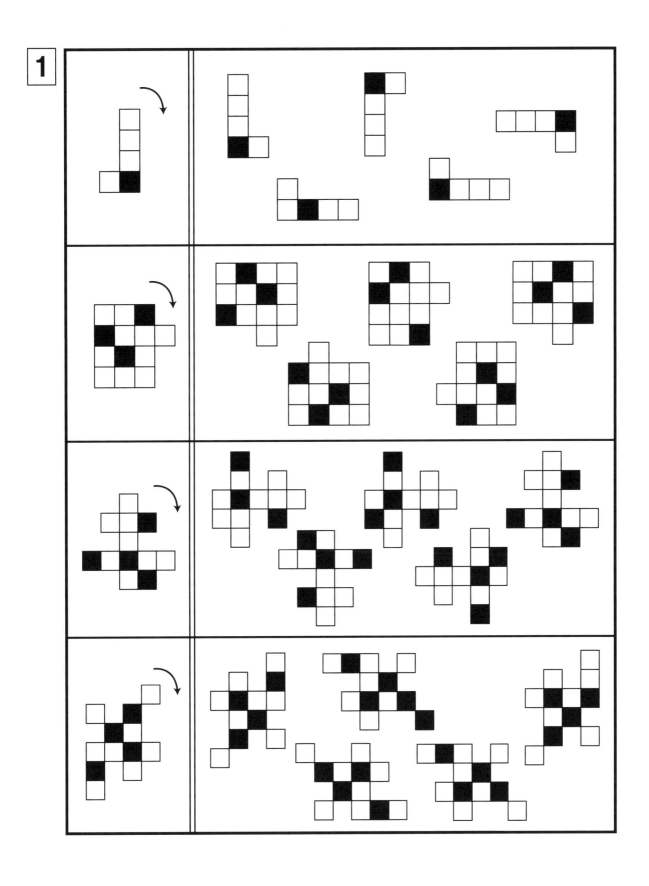

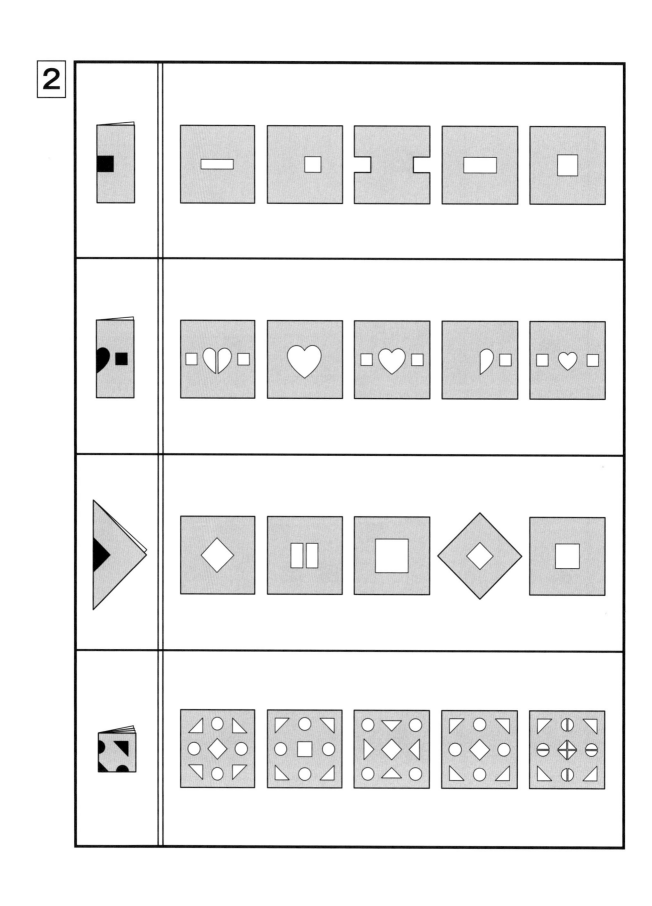

4

5

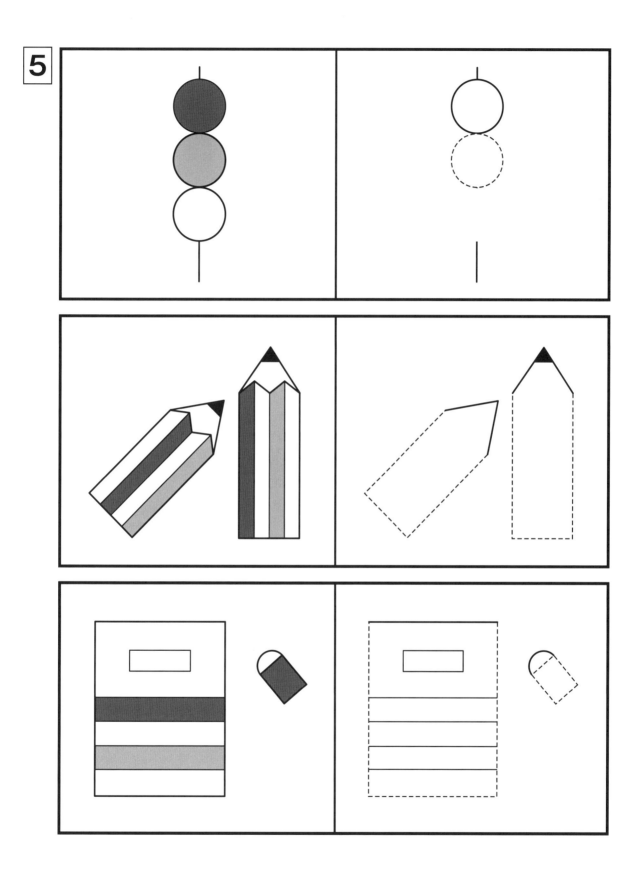

6

【お手本】　〈貼りつけ用の台紙〉

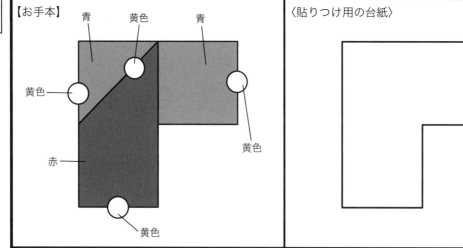

青　黄色　青
黄色
赤
黄色

【お手本】　〈貼りつけ用の台紙〉

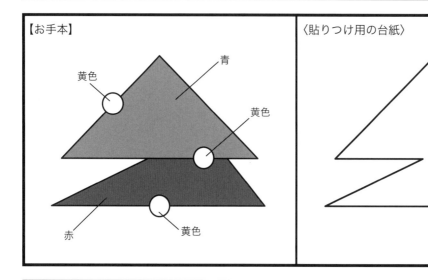

黄色　青
黄色
赤　黄色

【お手本】　〈貼りつけ用の台紙〉

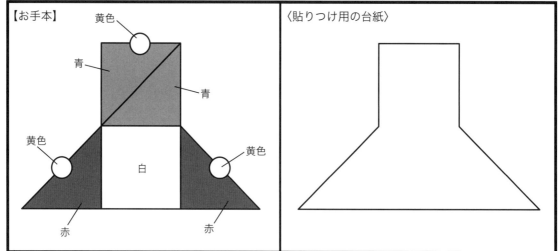

黄色
青　青
黄色　白　黄色
赤　赤

section 2022 埼玉大学教育学部附属小学校入試問題

■ 選抜方法

第一次 当日受付時に抽選が行われ、検査番号（考査の順番）が決定する。考査は1日で、女子、男子の順に約12人単位でペーパーテスト、集団テスト、約24人単位で運動テストを行い、男子79人、女子68人を選出する。所要時間は待ち時間を入れて最大約4時間30分、うち、考査時間は約2時間。

第二次 当日受付時に抽選が行われ、検査番号（面接の順番）が決定する。第一次合格者を対象に親子面接を行い、男子56人、女子52人の合格候補を選出する。所要時間は待ち時間を入れて最大約3時間30分。そのうち面接時間は約10分。

第三次 第二次合格者を対象に抽選。男子40人、女子37人が合格。

考査：第一次

■ ペーパーテスト

筆記用具は鉛筆を使用し、訂正方法は×（バツ印）。出題方法は口頭。どの問題も、最初に例題を一緒に行ってから取り組む。

1 推理・思考（回転図形）

・左端の絵を右に1回コトンと倒すと、どのようになりますか。右側から選んで○をつけましょう。

2 数 量

・左端の四角の中のものが2番目に多く描いてある四角を、右側から選んで○をつけましょう。一番下のカサは、閉じているものもあります。

3 推理・思考

・左端の絵をよく見てください。黒く塗られたものを取るとどうなりますか。右から選んで○をつけましょう。

4 推理・思考（比較）

・動物たちが一斉に風船をふくらませているところです。今までと同じ速さでこのまま風船をふくらませていくと、どの動物の風船が一番早く大きくふくらみますか。その動物に、それぞれ○をつけましょう。

5 **模写・巧緻性**

- 上のお手本と同じになるように、下の絵を塗ったり、点線をなぞったり、足りないところをかき足したりしましょう。

集団テスト 別の教室に移動して行われる。

6 **観察力・巧緻性**

お手本、貼りつけ用の台紙、1／4の大きさに切られた正方形の折り紙（赤、青）各3枚、丸いシール（黄色、直径2cm）12枚が用意されている。最初にテスターが例題として、赤と青の折り紙を縦半分に折ってからT字形に組み合わせ、シールで台紙に貼るお手本を見せる。

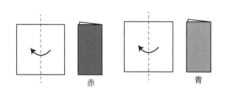 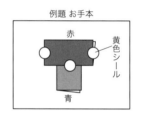

- 左のお手本と同じになるように、折り紙を折って台紙の枠にピッタリ入るように置いて、シールで貼りましょう。

運動テスト 体育館に移動して行われる。

📋 **連続運動**

テスターがストップウオッチで時間を計測する。指示された手順に従い、AとBの両方を行う。

- 運動A…机Aの試験官に検査番号のカードを渡し、床にかかれた四角の中で待つ→テスターの合図でスタートラインから走り、ゾウの旗の周りを右から1周する→恐竜の旗を右から回ってゴールまで走る→机Aでカードを受け取る。
- 運動B…机Bの試験官にカードを渡し、床にかかれた四角の中で待つ→テスターの合図でスタートラインから長いマットの上をクマ歩きする→黄緑の線から走りソフトブロックの跳び箱に乗って飛び降りる→薄いソフトマットの上をジグザグに両足跳びで進む→ゴールまで歩き、机Bでカードを受け取る。

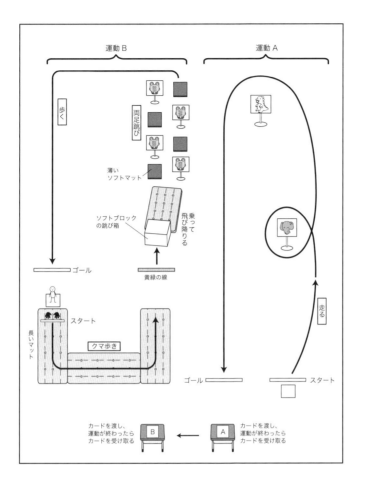

考査：第二次

親子面接

面接官2人（質問者とストップウオッチで時間を計測する人）。

ランプがついたら中に入り、名前を聞かれた後、子どもが検査カードを渡す。スタンプが押されたら検査カードを受け取り、席に着く。

本人

・お名前を教えてください。
・お隣に座っている人を教えてください。
・お家の人（お父さん、お母さん）にありがとうと思うときは、どんなときですか。なるべく詳しく（2つ）お話ししてください。
・好きな遊びは何ですか。
・あなたのお家の近くで、小さい子どもが誰かに会いたいと言って泣いています。そのときあなたはどうしますか。
・仲のよいお友達を思い浮かべてください。そのお友達とおもちゃの取り合いでけんかを

して、まだ仲直りをしていません。次の日学校に行ってどうしますか。なるべく詳しくお話ししてください。

言 語

・小学校に入ってやりたいこと、不安なことをお子さんに聞いてください。ご家庭の方針も踏まえて50秒でお子さんとお話ししてください。
・小学校に入って楽しみなこと、心配なことについて、保護者の思いを交えて50秒でお子さんとお話ししてください。

保護者

・家庭学習が盛んに行われていますが、学校に来て学ぶ重要性は何でしょうか。50秒でお話しください。
・インターネットによるテレワークが普及し、学校でもオンライン授業が行われることがありますが、本校では学校に来ていただくことも大切にしています。そのことにはどういう意義があると思いますか。50秒でお答えください。
・本校の重点目標とご家庭の教育方針とを関連づけて50秒でお話しください。
・本校の教育目標を述べてください。その中の1つを選び、ご家庭の教育方針と関連づけて50秒でお話しください。
・子ども同士でけんかをするなどのトラブルがあり、それぞれ違うことを主張しています。そういうことは学校ではよくあることですが、なぜそのようなことが起こると思いますか。また、そのような場合、どう対応しますか。20秒でお答えください。
・お子さんがけんかをした（暴力を振るった）と担任の先生から連絡がありました。どのように対応されますか。詳しくお話しください。
・学校では、誰も見ていないところで子ども同士のトラブルが起こることがあります。例えば、学校の先生から「お子さんがお友達に暴力を振るった（けがをさせた）」と連絡が入りましたが、お子さんは「そんなことはしていない。先生がそう言うなら、もう学校には行きたくない」と言ったとします。この場合の対応を、当日から翌日まで順を追って50秒でお答えください。

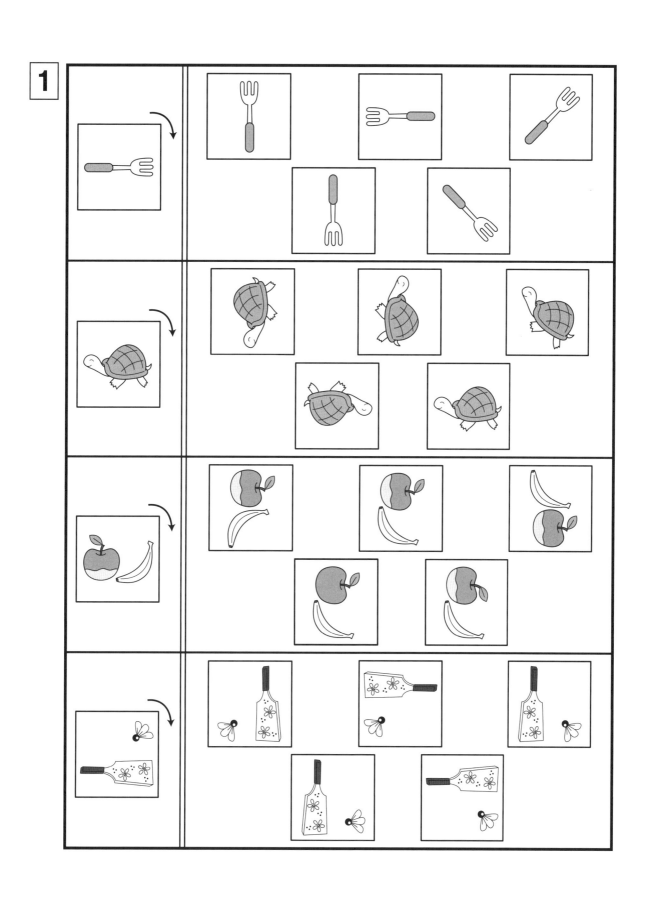

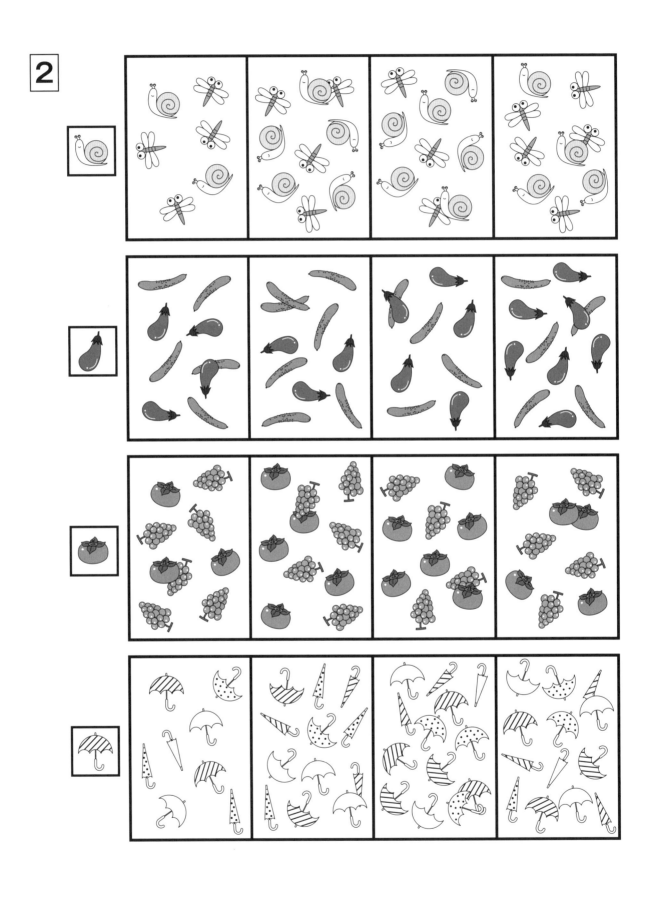

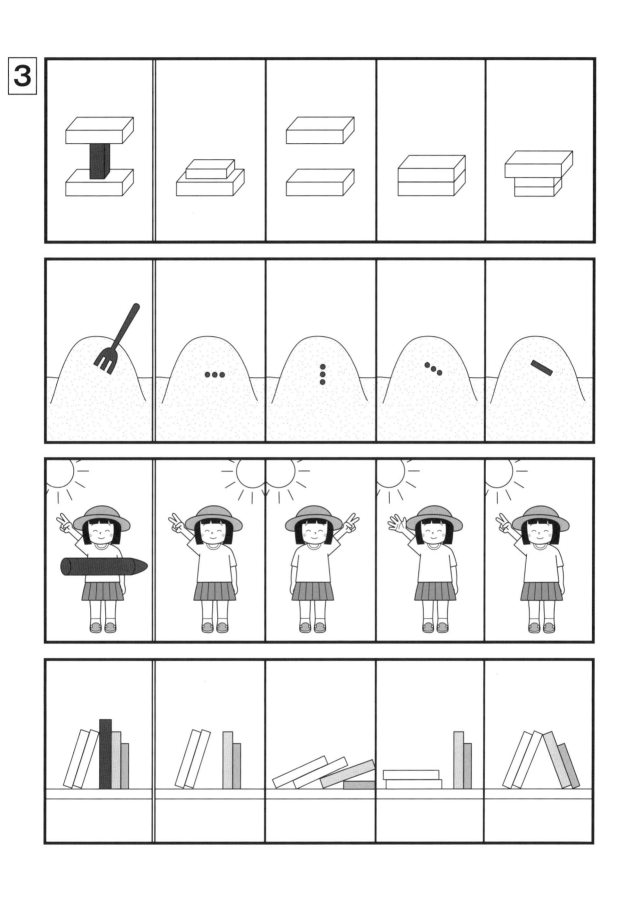

4

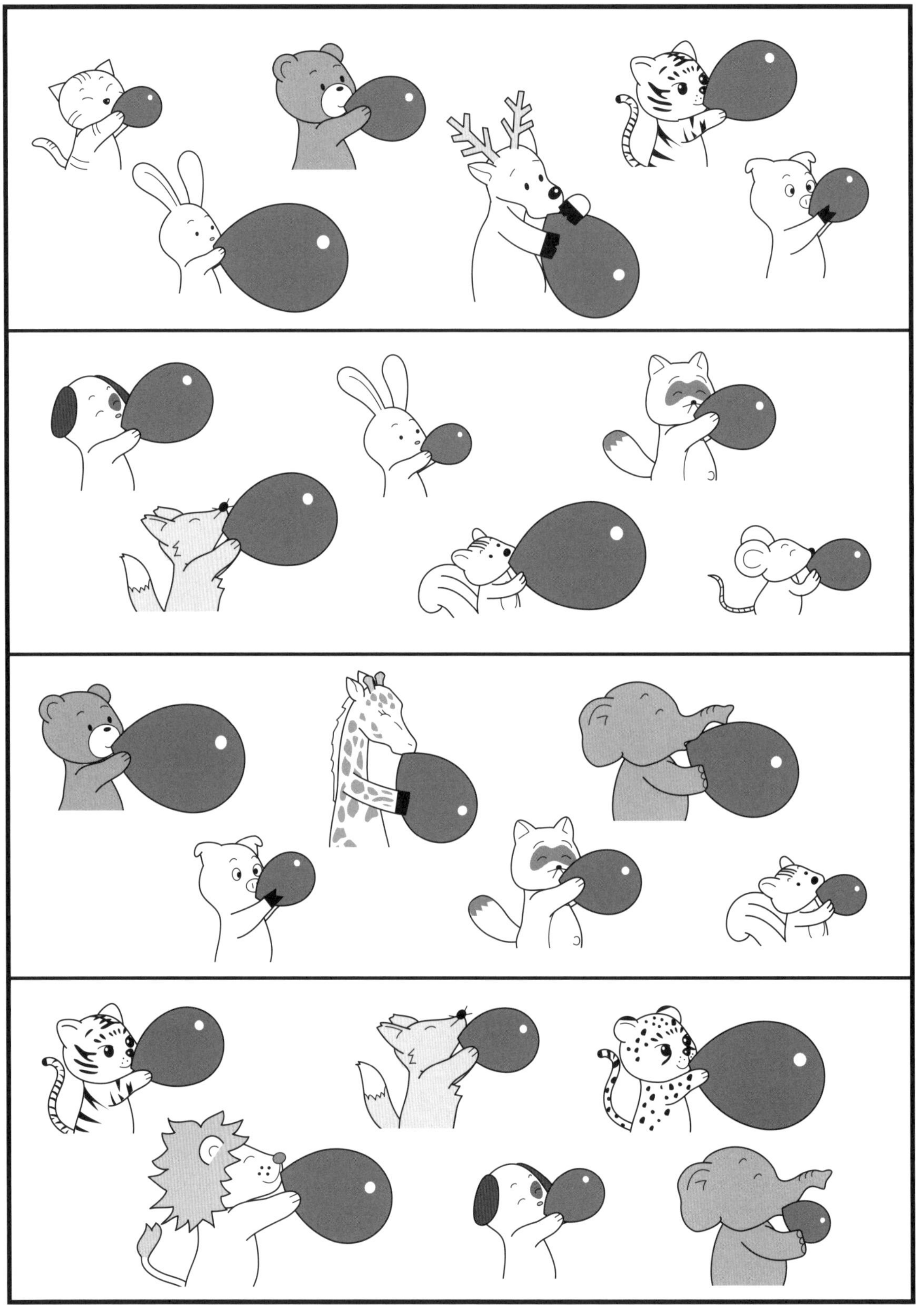

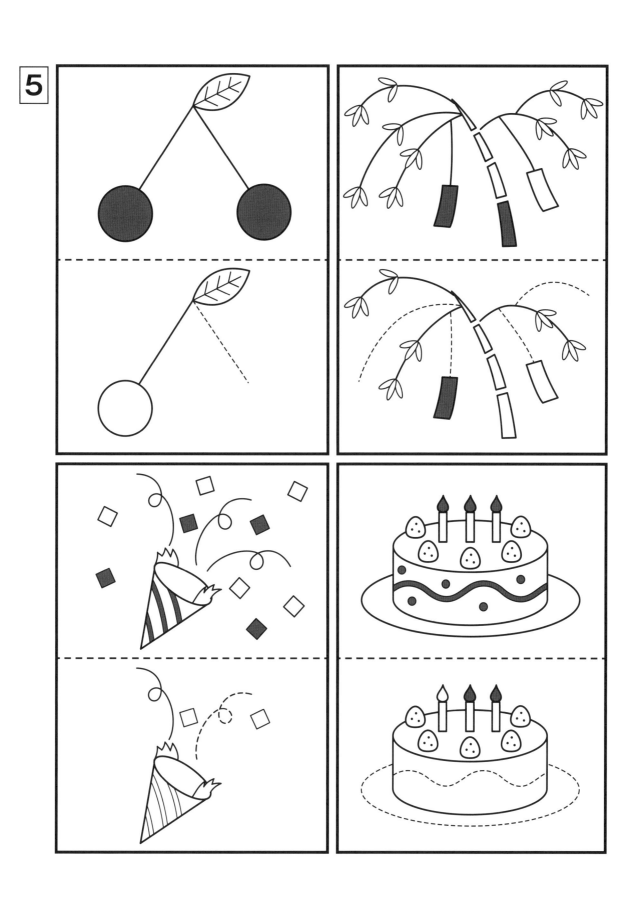

6

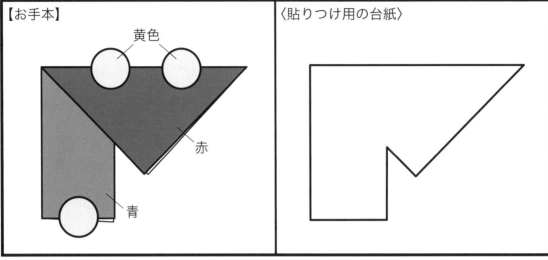

【お手本】　　　　　　　　　〈貼りつけ用の台紙〉

黄色
赤
青

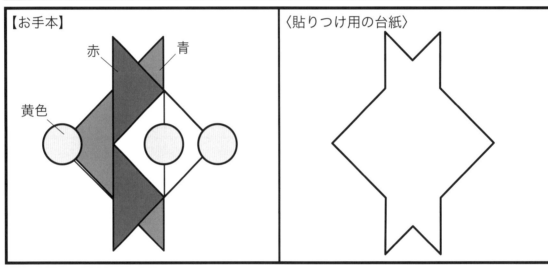

【お手本】　　　　　　　　　〈貼りつけ用の台紙〉

赤　青
黄色

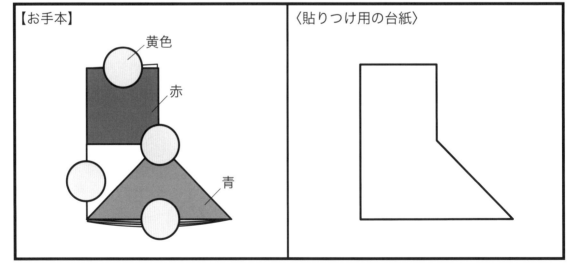

【お手本】　　　　　　　　　〈貼りつけ用の台紙〉

黄色
赤
青

section 2021 埼玉大学教育学部附属小学校入試問題

■ 選抜方法

| 第一次 | 当日受付時に抽選が行われ、受検番号と考査の順番が決定する。考査は1日で、女子、男子の順に約25人単位でペーパーテスト、集団テスト、運動テストを行い、男子74人、女子77人を選出する。所要時間は待ち時間を入れて最大約5時間、うち、考査時間は約2時間。 |

| 第二次 | 当日受付時に抽選が行われ、受検番号と考査の順番が決定する。第一次合格者を対象に親子面接を行い、男女各51人の合格候補を選出する。所要時間は待ち時間を入れて最大約2時間。そのうち面接時間は約10分。 |

| 第三次 | 第二次合格者を対象に抽選。男子37人、女子39人が合格。 |

考査:第一次

■ ペーパーテスト

筆記用具は鉛筆を使用し、訂正方法は×(バツ印)。出題方法は口頭。どの問題も、最初に例題を一緒に行ってから取り組む。

1 推理・思考(鏡映図)

・左端の絵の横にある2重線に鏡を立てて映すと、絵はどのように見えますか。右側から選んで〇をつけましょう

2 数 量

・左端の四角の中のものが2番目に多く描いてある四角を、右から選んで〇をつけましょう。

3 構 成

・左端のお手本を作るのに使う形が全部描いてあるのはどの四角ですか。右から選んで〇をつけましょう。形は向きを変えてもよいですが、裏返してはいけません。

4 推理・思考(比較)

・左の3枚の絵をよく見てください。それぞれの段で一番背が高いのは誰ですか。右端から選んで〇をつけましょう。

5 模写・巧緻性

・左側のお手本と同じになるように、右側の絵を塗ったり、点線をなぞったり、点と点を線で結んだりします。まずは一番上の段を一緒にやってみましょう。

集団テスト

別の教室に移動して行われる。

6 観察力・巧緻性

お手本、貼りつけ用の台紙、長方形のシール（赤、青、黄色）が用意されている。

・左のお手本と同じになるように、右の枠の中にシールを貼りましょう。

運動テスト

体育館に移動して行われる。

連続運動

テスターがストップウオッチで時間を計測する。指示された手順に従い、AとBの両方を行う。

・運動A…机Aの試験官に検査番号のカードを渡し、床にかかれた四角の中で待つ→テスターの合図でスタートラインから走り、クマの箱の周りを右から1周する→キリンの箱を右から回ってゴールまで走る→机Aでカードを受け取る。

・運動B…机Bの試験官にカードを渡し、床にかかれた四角の中で待つ→テスターの合図でスタートラインから走り、マットの上にある跳び箱についているひもを引っ張り、マットの端から跳び箱が落ちるまで引いて運ぶ→ろくぼくまで走り、登ってタンバリンをたたいてから降りる→約20cmの高さで、触ると音が鳴るコーンにタッチしながらジグザグに両足跳びで進む→ゴールまで歩き、机Bでカードを受け取る。

考査：第二次

親　子　面　接

面接官2人（質問者とストップウオッチで時間を計測する人）。

2か所の面接ブースで行う。ランプがついたら中に入り、名前を聞かれた後、検査カードを渡す。スタンプが押されたら検査カードを子どもが受け取り、席に着く。

本　人

- ・お名前を教えてください。隣にいる方はどなたですか。
- ・お家の人とするごあいさつを、できるだけたくさん言ってください。
- ・小学校に入ったら何をしたいですか。
- ・お友達と2人で遊ぶとき、2人のやりたいことが違ったらどうしますか。

・お友達をつくるために大事なことは何だと思いますか。言えるだけ言ってください。

📖 言 語

・大切な人にプレゼントを用意したいと思います。誰に何をプレゼントするか（親子で）50秒で相談してください。

保護者

・お子さんが寝る前に「明日学校を休みたい」と言ったらどうしますか。翌朝の対応を含め40秒で答えてください。
・教員の働き方改革についてどう思われますか。50秒でお話しください。
・教育には学校と保護者の連携が大切ですが、そのために保護者として必要なことは何だと思いますか。40秒で3つお答えください。
・本校の重点目標を3つ挙げ、その中の1つを選び、ご家庭の教育方針と関連づけて50秒でお話しください。

1

2

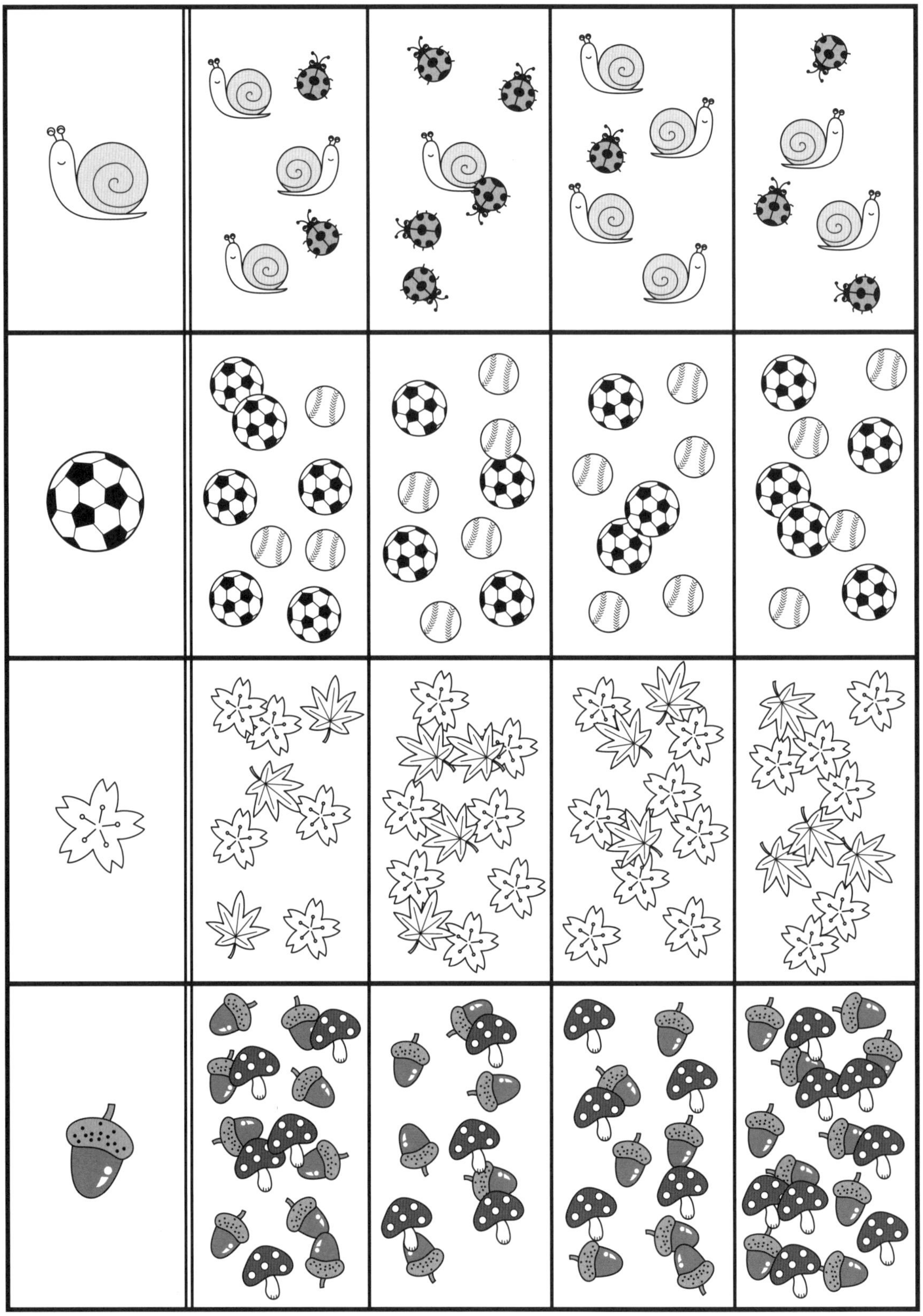

3

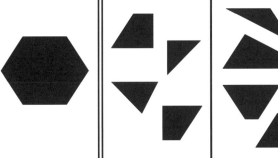

5

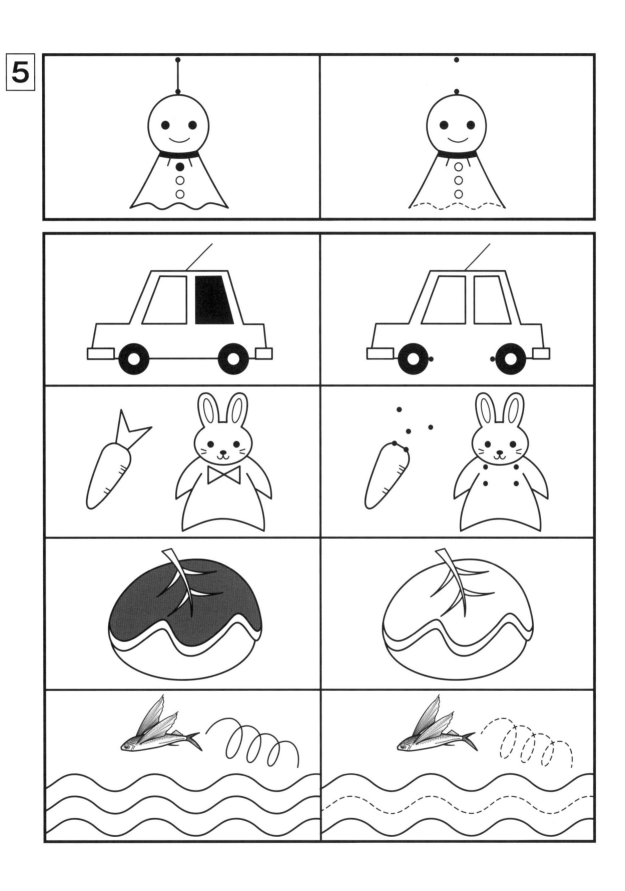

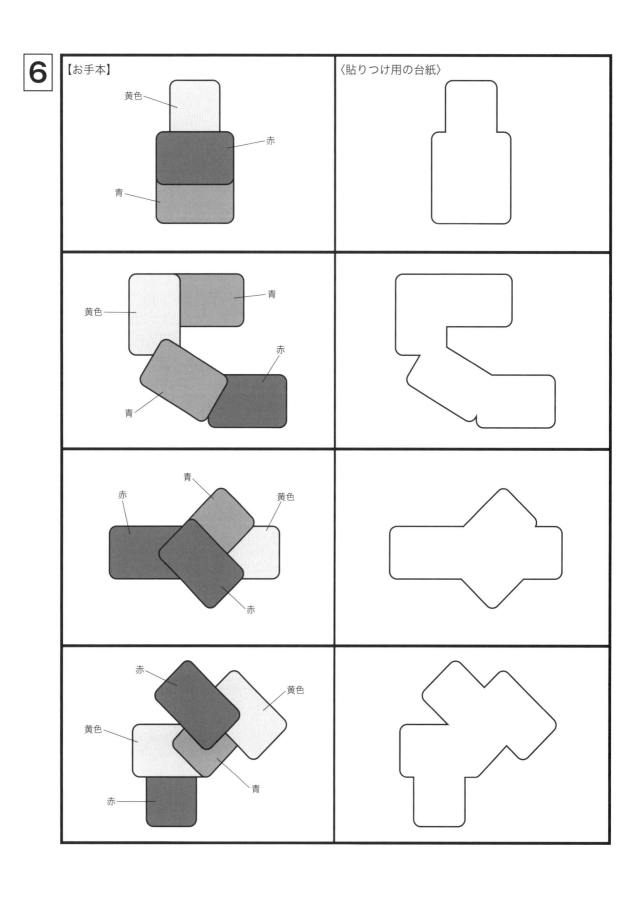

section 2020 埼玉大学教育学部附属小学校入試問題

■ 選抜方法

| 第一次 | 当日受付時に抽選が行われ、受検番号と考査の順番が決定する。考査は1日で、約30人単位でペーパーテスト、集団テスト、運動テストを行い、男子74人、女子87人を選出する。所要時間は待ち時間を入れて最大約5時間、うち考査時間は約2時間。 |

| 第二次 | 当日受付時に抽選が行われ、受検番号と考査の順番が決定する。第一次合格者を対象に集団テストと親子面接を行い、男子50人、女子57人の合格候補を選出する。所要時間は待ち時間を入れて最大約4時間。そのうち考査の所要時間は約30分。面接時間は約8分。 |

| 第三次 | 第二次合格者を対象に抽選。男子39人、女子38人が合格。 |

考査：第一次

┃ ペーパーテスト ┃

筆記用具は鉛筆を使用し、訂正方法は×（バツ印）。出題方法は口頭。どの問題も、最初に例題を一緒に行ってから取り組む。

1 推理・思考（絵の順番）

・それぞれの段の絵を順番に並べたとき、2番目と4番目になる絵に○をつけましょう。

2 推理・思考（鏡映図）

・左端の絵の横にある太線に鏡を立てて映すと、絵はどのように見えますか。右側から選んで○をつけましょう。

3 構　成

・左端の四角の中の形を合わせると、どのような形になりますか。右から選んで○をつけましょう。形は向きを変えてもよいですが、裏返してはいけません。

4 推理・思考（回転図形）

・左端の絵を右に1回コトンと倒すと、どのようになりますか。右から選んで○をつけましょう。

5 巧緻性

・左側のお手本と同じになるように、右側の絵を塗り、点線をなぞりましょう。

集団テスト

別の教室に移動して行われる。

6 **観察力・巧緻性**

お手本、貼りつけ用の台紙、丸いシール（黄色の大、小）、ハート形のシールと星形のシール3色ずつ（青、黄色、ピンク）が各2枚用意されている。
・お手本と同じになるように、シールを貼りましょう。

運動テスト

体育館に移動して行われる。

■ **連続運動**

テスターがストップウオッチで時間を計測する。
・運動A…机Aの試験官に検査番号のカードを渡し、床にかかれた四角の中で待つ→テスターの合図でスタートラインから走り、クマの箱の周りを右から1周する→キリンの箱を右から回ってゴールまで走る→机Aでカードを受け取る。
・運動B…番号を呼ばれたら机Bの試験官にカードを渡し、床にかかれた四角の中で待つ→テスターの合図で坂になっているマットをクマ歩きで進む→ろくぼくを登りタンバリンをたたいてから降りる→フワフワマットの上を走り抜ける→黒ラインの上を両足跳びで踏みながら進んでゴールする→机Bまで歩いていきカードを受け取る。

考査：第二次

| **集団テスト** | 4人ずつのグループに分かれ、2グループ同時に行う。 |

人数分の机にそれぞれ違う色のカラー帽子が用意されている。カラー帽子の前頭部分につけられたネームプレートに検査カードを差し込み、説明を聞く。

🗨 行動観察（ジャンケンゲーム）

音楽が鳴っている間、グーはしゃがむ、チョキは前後に手足を開く、パーは手足を横に広げるというお約束で、できるだけたくさんのお友達とジャンケンをする。

🗨 行動観察（スポンジ積み競争）

グループごとにチームになり、1人ずつ順番にスポンジを持っていきフープの中に積む。できるだけ高く積んだチームが勝ち。ゲームは3回行われ、2回目と3回目のゲームの間にどうしたらより高く積めるかをチームで相談する時間が設けられる。

2023
2022
2021
2020
2019
2018
2017
2016
2015
2014

〈約束〉

・ゲーム中に走り回らない。

・勝手にスポンジに触らない。

・途中でスポンジが倒れたら、積んでいたスポンジを全部フープの外に出して、もう一度最初からやり直す。

・戻ったら次の人にタッチして列の最後尾に並ぶ。

・「用意始め」で開始し、「やめ」と言われたら途中でもやめて床の上にスポンジを置く。

親 子 面 接

面接官2人（質問者とストップウオッチで時間を計測する人）。

2ヵ所の面接ブースで行う。ランプがついたら中に入り、名前を聞かれた後、検査カードを机の上の青い四角に置くよう指示される。スタンプを押されたら席に戻る。

本 人

・お名前を教えてください。

・一緒に来た方は誰ですか。

・幼稚園（保育園）のお友達の名前を1人教えてください。

・スーパーマーケットで買い物をするとき、周りの人に迷惑をかけないためにあなたがすることは何ですか。

言語（判断力）

子どもたちがオニごっこをしている中で、子どもが1人だけ泣いている絵を見せられる。

・この子はどうして泣いているのだと思いますか。お話ししてください。

保護者

・親同士のコミュニケーションの取り方について、最近本校でさまざまな意見が出ています。良好なコミュニケーションにするにはどのようにしたらよいと思いますか。50秒以内でお話しください。

・親同士でトラブルが発生したとします。発生したトラブルが元になり子どもにとってどのような弊害が起きると思うか、40秒で思いつくだけお話しください。

・本校の重点目標に「かしこく・あかるく・仲よく・たくましく」とありますが「かしこく」は極端に言うとどのようなことですか。そして、家庭でどのようなことをすれば、かしこい子どもになると思いますか。

・お子さんがお父さま（お母さま）にしてもらいたいことは何かをお父さま（お母さま）から問いかけ、そこからお子さんと会話をしてください。

3

4

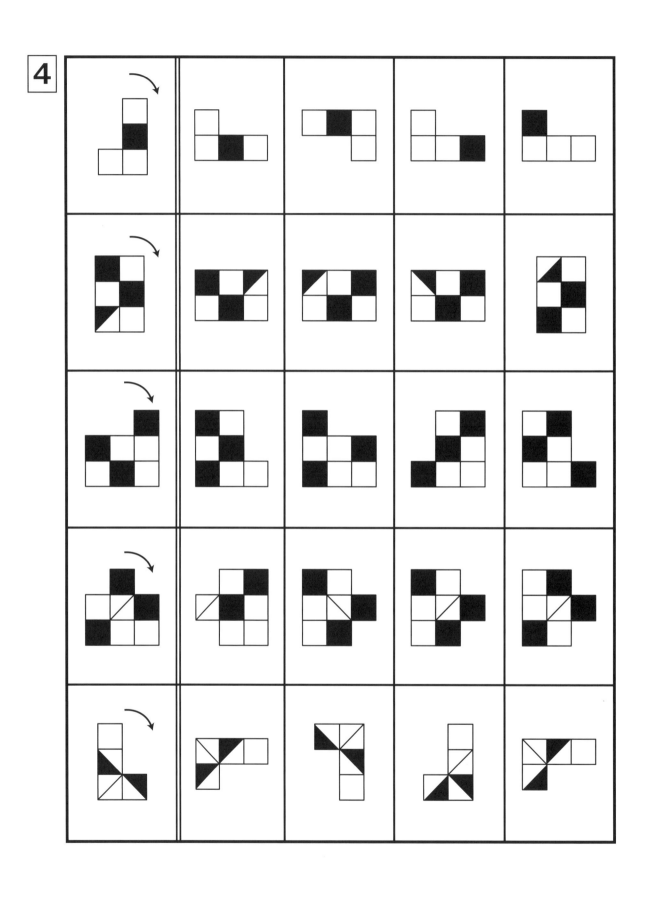

5

6

【お手本】

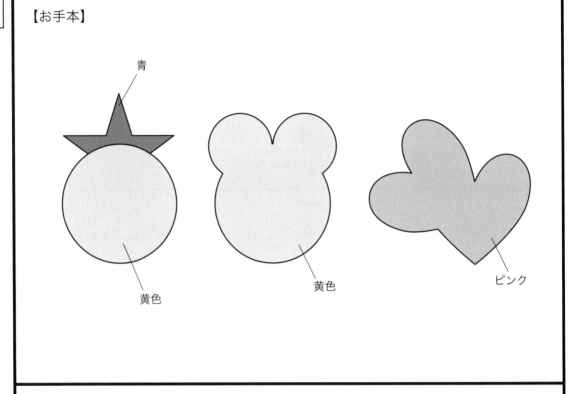

青

黄色

黄色

ピンク

〈貼りつけ用の台紙〉

section 2019 埼玉大学教育学部附属小学校入試問題

■ 選抜方法

| 第一次 | 当日受付時に抽選が行われ、受検番号と考査の順番が決定する。考査は1日で、約30人単位でペーパーテスト、集団テスト、運動テストを行い、男子105人、女子80人を選出する。所要時間は待ち時間を入れて最大約5時間、うち考査時間は約2時間30分。 |

| 第二次 | 当日受付時に抽選が行われ、受検番号と考査の順番が決定する。第一次合格者を対象に集団テストと親子面接を行い、男子59人、女子51人の合格候補を選出する。所要時間は待ち時間を入れて最大約4時間。そのうち考査の所要時間は約30分。面接時間は約8分。 |

| 第三次 | 第二次合格者を対象に抽選。男子39名、女子40名が合格。 |

考査：第一次

┃ ペーパーテスト ┃

筆記用具は鉛筆を使用し、訂正方法は×（バツ印）。出題方法は口頭。どの問題も、最初に例題を一緒に行ってから取り組む。

1 常識（仲間探し）

・左端の絵と一番仲よしのものを、右側から選んでそれぞれ○をつけましょう。

2 数　量

・左端の四角の中のものが2番目に多く描いてある四角を、右から選んでそれぞれ○をつけましょう。

3 構　成

・左のお手本を作ることができるのは、右側のどの四角の中の形ですか。それぞれ○をつけましょう。

4 模写・巧緻性

・左側のお手本と同じになるように、右側の絵を塗り、足りないところを描き足しましょう。

┃ 集団テスト ┃

5 観察力・巧緻性

お手本（Ａ４判で３種類）、貼りつけ用の台紙（水色）、１／８の大きさに切られた長四角の折り紙（赤、黄色、青）各４枚、つぼのり、お手ふきが用意されている。

・机にあるお手本と同じになるように、折り紙を台紙の枠にのりで貼りましょう。ただし、貼るときに折ってよいのは１枚で、折るのも一度だけです。「やめ」と言われたら終わりにしてください。手についたのりはお手ふきを使ってふいてください。

運動テスト
体育館に移動して行われる。

連続運動

テスターがストップウオッチで時間を計測する。

・運動Ａ…机Ａの試験官に検査番号のカードを渡し、床にかかれた四角の中で待つ→テスターの合図でスタートラインから走り、クマの箱の周りを右から１周する→ウサギの箱の周りを右から１周する→黄色い箱の右側を回ってゴールまで走る→机Ａでカードを受け取る。

・運動Ｂ…番号を呼ばれたら机Ｂの試験官にカードを渡し、床にかかれた四角の中で待つ→テスターの合図で凸凹のマットの上をクマ歩きする→高さの違う跳び箱の上を渡る→床にかかれた四角の通りにケンパーでゴールまで進む→机Ｂでカードを受け取る。

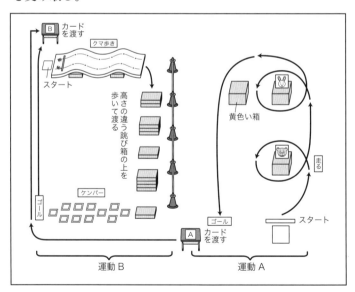

考査：第二次

| **集団テスト** | 4人ずつのグループに分かれ、2グループ同時に行う。

人数分の机にそれぞれ違う色のカラー帽子が用意されている。カラー帽子の前頭部分につけられたネームプレートに検査カードを差し込み、説明を聞く。

🔲 行動観察（ジャンケンゲーム）

音楽が鳴っている間、グーはしゃがむ、チョキは前後に手足を開く、パーは手足を横に広げるというお約束で、できるだけたくさんのお友達とジャンケンをする。

🔲 行動観察（ボール運びゲーム）

グループごとにチームになり、1人ずつ順番にスタートする。用意されている棒のついた紙皿に小さいボールを載せてゴム段をくぐり、赤い棒を回って向こう側にあるカゴにボールを運び入れる。できるだけたくさんボールを運んだチームが勝ち。ゲームは3回行われ、2回目と3回目のゲームの間にどうしたらたくさんのボールが運べるかをチームで相談する時間が設けられる。

〈約束〉

・手を使って紙皿にボールを好きなだけ載せてよい。

・棒の赤い部分を持って運び、青い部分は持ってはいけない。

・途中でボールを落としてしまったら、同じチームの人がボールを拾うのを手伝い、スタートからやり直す。

・周りの白線から出たボールはテスターが拾う。

・戻ったら紙皿を次の人に渡し、列の最後尾に並ぶ。

・「やめ」と言われたら、運ぶ途中の人ももとの場所に戻る。

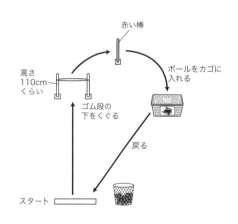

【ボールを運ぶ紙皿】

親 子 面 接 ▌面接官2人（質問者とストップウオッチで時間を計測する人）。

2ヵ所の面接ブースで行う。ランプがついたら中に入り、名前を聞かれた後、検査カードを机の上の青い四角の中に置くよう指示される。スタンプを押されたら席に戻る。

本 人

・お名前を教えてください。
・一緒に来た方は誰ですか。
・お母さんの好きなところを1つだけ教えてください。
・あなたは片づけをすると思いますが、片づけをするとどんなよいことがありますか。

📖 言語（判断力）

図書館で2人が同時に同じ本に手を伸ばしている絵を見せられる。
・本を借りようとしたら、同じ本をお友達が借りようとしています。「僕が借りたいから、借して」と言われました。あなたは何と言いますか。

保護者

・保護者会ではSNSにおいてグループ登録しようという意見がありました。その場合、あなたはどんな対応をするか考えて50秒程度でお話しください。
・お子さんからは昼食を残さずに食べていると聞いていましたが、教員の話で残していると知ったとします。どのように対応されますか。
・お友達とのかかわりについて大切だと思うことを3つ挙げてください。その中の1つについて、ご家庭ではどのようにお子さんに伝えていますか。
・お子さんとお話ししていただきます。今度の休みの日に一緒に何をしたいか、思いを込めてお話ししてみてください。

1

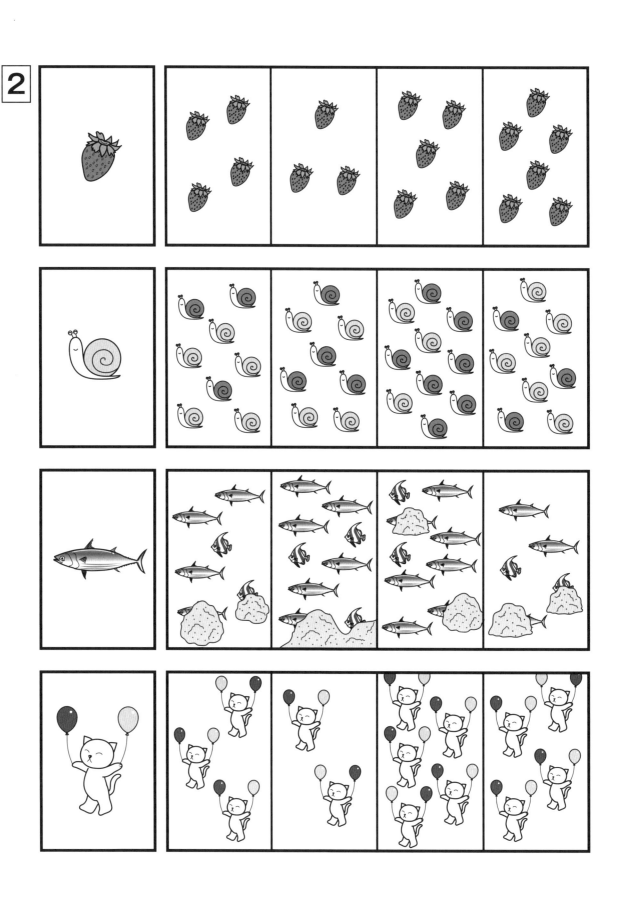

3

4

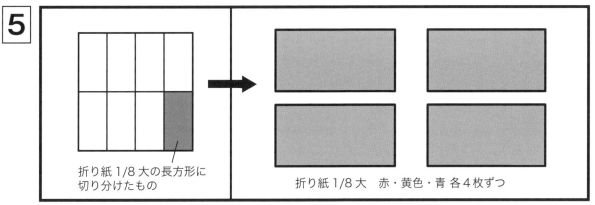

5

折り紙 1/8 大の長方形に
切り分けたもの

折り紙 1/8 大　赤・黄色・青 各4枚ずつ

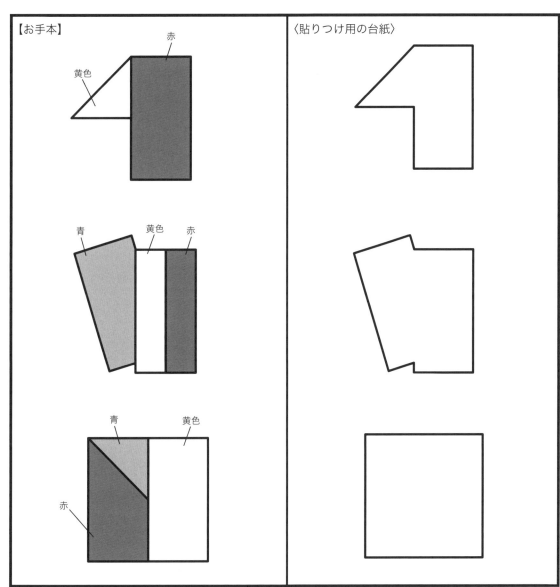

【お手本】

〈貼りつけ用の台紙〉

2018 埼玉大学教育学部附属小学校入試問題

■ 選抜方法

| 第一次 | 当日受付時に抽選が行われ、受検番号と考査の順番が決定する。考査は1日で、約25人単位でペーパーテスト、集団テスト、運動テストを行い、男子95人、女子86人を選出する。所要時間は待ち時間を入れて最大約5時間、うち考査時間は約2時間30分。 |

| 第二次 | 当日受付時に抽選が行われ、受検番号と考査の順番が決定する。第一次合格者を対象に集団テストと親子面接を行い、男子66人、女子55人の合格候補を選出する。所要時間は待ち時間を入れて最大約4時間。そのうち考査の所要時間は約30分。面接時間は約8分。 |

| 第三次 | 第二次合格者を対象に抽選。男子36人、女子40人が合格。 |

考査：第一次

■ ペーパーテスト

筆記用具は鉛筆を使用し、訂正方法は×（バツ印）。出題方法は口頭。どの問題も、最初に例題を一緒に行ってから取り組む。

1 巧緻性

・左側のお手本と同じになるように、右側の絵を塗りましょう。

2 数量

・左端のものが2番目に多く描いてある四角を、右から選んで○をつけましょう。

3 推理・思考（鏡映図）

・左端の絵の横にある二重線に鏡を立てて映すと、絵はどのように見えますか。右側から選んで○をつけましょう。

4 推理・思考（絵の順番）

・それぞれの段の絵を順番に並べたとき、2番目と4番目になる絵に○をつけましょう。

5 常識（仲間探し）

・左端の絵と仲よしのものを右側から選んで○をつけましょう。

集団テスト | 別の教室に移動して行われる。

6 観察力・巧緻性

お手本（A4判で3種類）、貼りつけ用の台紙（水色）、1／4の大きさに切られた正方形の折り紙（赤、黄色、青）各4枚、つぼのり、お手ふきが用意されている。

・お手本と同じになるように、折り紙をそれぞれ一度だけ折り、台紙の枠にピッタリ入るようにのりで貼りましょう。「やめ」と言われたら終わりにしてください。

運動テスト | 体育館に移動して行われる。

📐 連続運動

テスターがストップウオッチで時間を計測する。

・運動A…机Aに検査番号のカードを置いて床の四角の中で待つ→テスターの合図でスタートラインから走り、4つのコーンの中央に置かれているクマが描かれた旗の周りを1周する→青い箱の周りを回ってゴールまで走る→机Aからカードを受け取る。

・運動B…机Bにカードを置いて床の四角の中で待つ→テスターの合図でスタートし、平行に置かれた2本の平均台の上をクマ歩きで渡る→4本のゴム段を交互に跳ぶ、くぐるをくり返す→青い箱の周りを回ってマットまで走る→マットの上の四角の中を白、黄色、白、黄色、白の順でジグザグに両足跳びで進む→ゴールまで歩き、机Bからカードを受け取る。

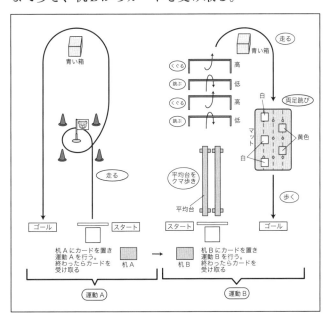

集団テスト

4人ずつのグループに分かれ、2グループ同時に行う。

人数分の机にそれぞれ違う色のカラー帽子が準備されている。カラー帽子の前頭部分につけられたネームプレートに検査カードを差し込み、説明を聞く。

行動観察（ボール運びゲーム）

グループごとに約80cm四方の布にボールを載せて運び、用意されている大中小のカゴに入れる。ボールをたくさん入れたグループの勝ち。途中で落としてしまったら、布の上にボールを載せてスタートに戻り最初からやり直す。ボールが周りの白い線から外へ転がったときはテスターが拾って渡してくれる。ゲームは3回行われ、2回目と3回目のゲームを始める前にそれぞれ相談と練習の時間が設けられる。

親 子 面 接

面接官2人（質問者とストップウオッチで時間を計測する人）。

ランプがついたら面接ブースに入る。名前を聞かれた後、検査カードを机の上の青い四角の中に置くよう指示される。スタンプを押されたら席に戻る。

本 人

・お名前を教えてください。
・朝ごはんは何を食べてきましたか。
・夕ごはんのときのお家の人とのお約束を、できるだけたくさん言ってください。
・お友達がたくさんいると思いますが、お友達がいてよかったと思うことは何ですか。

保護者

・本校で、お小遣いを持たせるか否かがよく議論されます。お子さんへのお小遣いについての考えを40秒程度でお話しください。
・朝起きたら、お子さんが「意地悪をされているから学校に行きたくない」と言いました。どのように対応されますか。順序立ててお話しください。
・本校では登下校の安全について指導を徹底しています。登下校中で危険だと思われることについて3点、ご家庭でどのように指導しているかを40秒程度でお話しください。
・入学からゴールデンウイークまでは送迎が必要ですが、どなたが行いますか。
・今までお子さんに読み聞かせをした絵本について、ご自身の考えや思いを伝えながら、お子さんに40秒程度でお話しください。

1

2

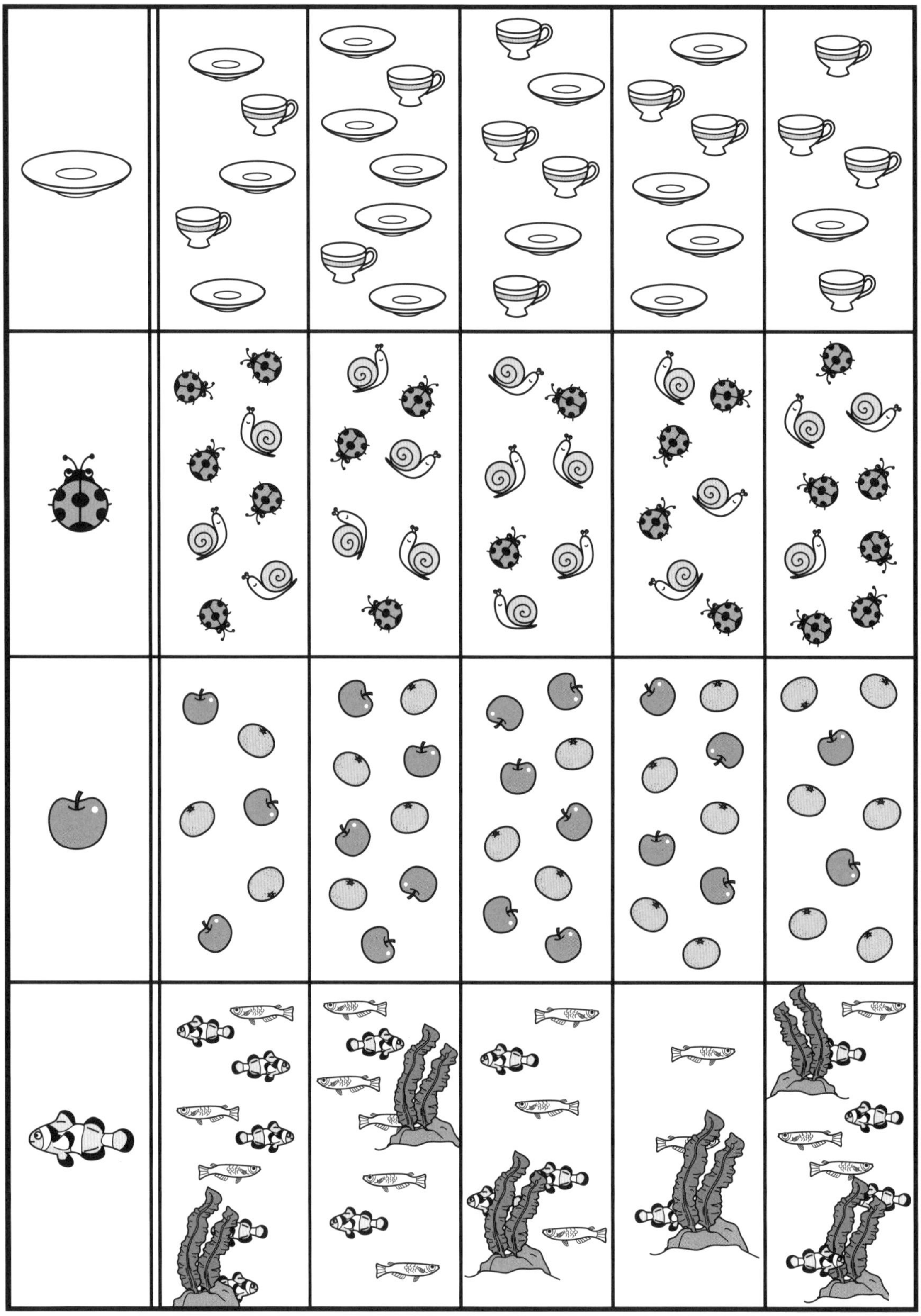

3

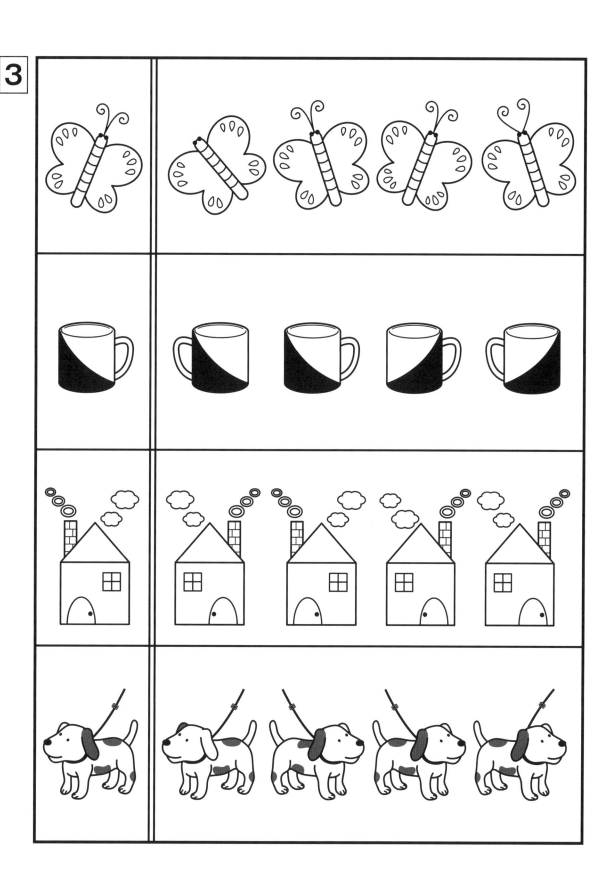

6

【お手本】

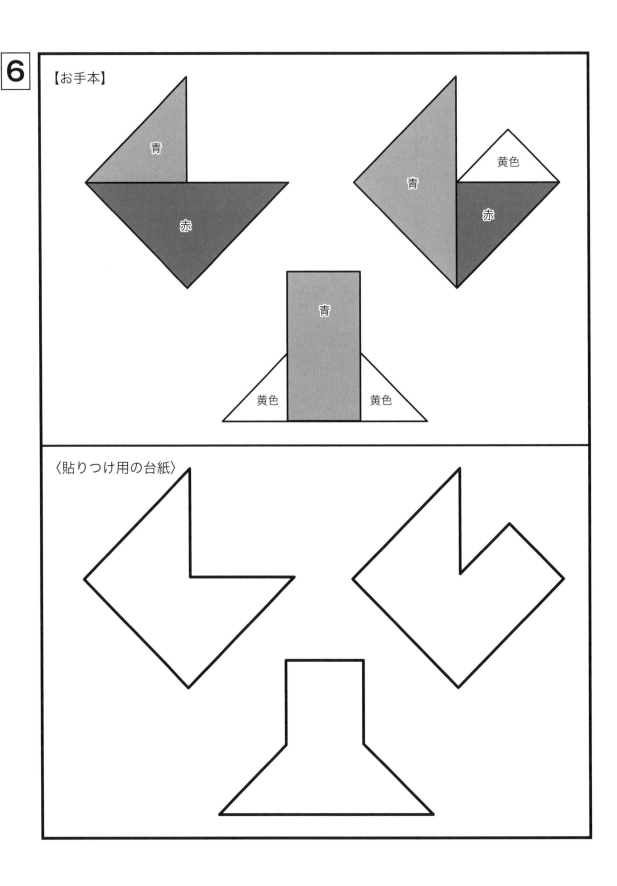

〈貼りつけ用の台紙〉

section
2017 埼玉大学教育学部附属小学校入試問題

■ 選抜方法

| 第一次 | 当日受付時に抽選が行われ、受検番号と考査の順番が決定する。考査は1日で、15〜20人単位でペーパーテスト、集団テスト、運動テストを行い、男子100人、女子81人を選出する。所要時間は待ち時間を入れて最大約5時間、うち考査時間は約2時間30分。|

| 第二次 | 当日受付時に抽選が行われ、受検番号と考査の順番が決定する。第一次合格者を対象に集団テストと親子面接を行い、男子50人、女子60人の合格候補を選出する。所要時間は待ち時間を入れて最大約4時間。そのうち考査の所要時間は約30分。面接時間は約8分。|

| 第三次 | 第二次合格者を対象に抽選。男子38人、女子37人が合格。|

考査：第一次

┃ ペーパーテスト

筆記用具は鉛筆を使用し、訂正方法は×（バツ印）。出題方法は口頭。どの問題も、最初に例題を一緒に行ってから取り組む。

1 巧緻性

・左側のお手本と同じになるように、右側の絵を塗りましょう。

2 数量

・それぞれの段で2番目に数が多い四角に○をつけましょう。

3 推理・思考（回転図形）

・左端の絵を右に1回コトンと倒すと、どのようになりますか。右から選んで○をつけましょう。

4 推理・思考

・左の四角の中の3枚の絵は、動物たちがかけっこをしたときのそれぞれの動物のゴールの様子です。それぞれの段で一番早くゴールした動物を右の四角から選んで○をつけましょう。

┃ 集団テスト

別の教室に移動して行われる。

5 観察力・巧緻性

お手本（Ａ４判で３種類）、貼りつけ用の台紙（水色）、長方形の色カード（赤、青、黄色）各３枚、つぼのり、はさみ、お手ふきが用意されている。

・色カードを線のところで切り、お手本と同じになるように、台紙の枠の中にのりで貼りましょう。どの色カードも、切ったものの大きい形と小さい三角の１つずつは必ず使ってください。「やめ」と言われたら終わりにしましょう。

運動テスト

体育館に移動して行われる。

連続運動

・運動Ａ…机Ａにカードを置いて床の四角の中で待つ→スタートラインから走って青い箱を回りマットまで行く→ろくぼくを登ってタンバリンをたたく→ゴールまで走る→机Ａからカードを受け取る。

・運動Ｂ…机Ｂにカードを置いて床の四角の中で待つ→スタートラインから走ってジグザグに置いてある鈴のついた旗のうち、足のマークの旗は足でけり、手のマークの旗は手でタッチしながら進んでゴールまで行く→机Ｂまで歩いて行き、カードを受け取る。

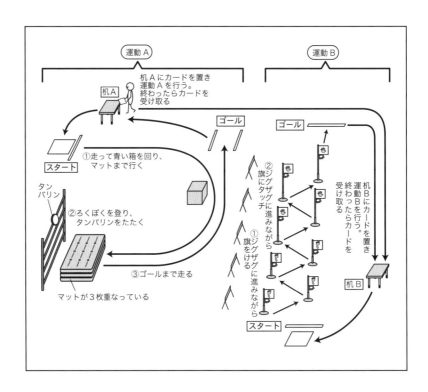

集団テスト | 4人ずつのグループに分かれ、2グループ同時に行う。

各机にカラー帽子が準備されており、カラー帽子の前頭部分につけられたネームプレートに検査カードを差し込み、説明を聞く。

準備体操

体全体を使ってジャンケンをする。グーグーチョキ、パーチョキパー、グーパーチョキなど、テスターと一緒に全員で行った後、テスターの指示に従って2人1組で行う。

〈約束〉
・グーは足を閉じてジャンプする。
・チョキは手と足を同時に前後に開いてジャンプする。
・パーは手足を横に広げてジャンプする。

行動観察（鈴鳴らしゲーム）

天井に2本のロープが並行して渡されており、その間に複数の鈴がぶら下がっている。バレーボールと大きなシートが用意されている。グループごとにチームになって3回行い、2回目と3回目の前にチームで相談して練習する。

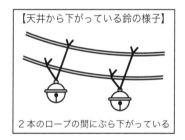

【天井から下がっている鈴の様子】

2本のロープの間にぶら下がっている

・天井からぶら下がっている鈴をボールを使って鳴らしましょう。シートの上にボールを載せ、グループのみんなで協力して手を使わずにそのボールを上の鈴に向かって飛ばしてください。走ったり、シートの下から手でたたいたりしてはいけません。床の四角の中でやり、ボールが転がったら拾いましょう。四角の外にボールが出たときは、先生が拾います。鈴を鳴らすことができたら1点もらえます。点数の多いチームの勝ちです。

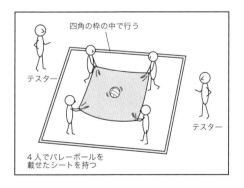

四角の枠の中で行う

テスター

テスター

4人でバレーボールを
載せたシートを持つ

親 子 面 接

面接官2人（質問者とストップウオッチで時間を計測する人）。

ランプがついたら面接ブースに入る。名前を聞かれた後、検査カードを机の上の青い四角の中に置くよう指示される。スタンプを押されたら席に戻る。

本 人

・お名前を言ってください。
・好きな遊びは何ですか。

言語（判断力）

・（1つのブランコに乗ろうとしている子どもの絵を見せられる）あなたがブランコに乗ろうとしていたら、もう1人乗りたいというお友達が来ました。あなたは何と言いますか。
・夕ごはんを食べて寝るまでにすることを教えてください。

保護者

・当事者だと思って答えてください。お子さんと同じクラスの子の保護者からメールが来ました。あなたのお子さんに子どもがいじめられたという苦情のメールでした。その後の対応を順序立てて40秒程度でお話しください。
・本校の教育目標で特に共感できる活動を3つ教えてください。その中で一番興味がある活動についてその理由を60秒以内でお話しください。
・入学からゴールデンウイークまでは送迎が必要ですが、どなたが行いますか。
・お子さんの将来の夢を今ここで聞いて、保護者の方の考えも交えながら40秒程度で話してください。

2

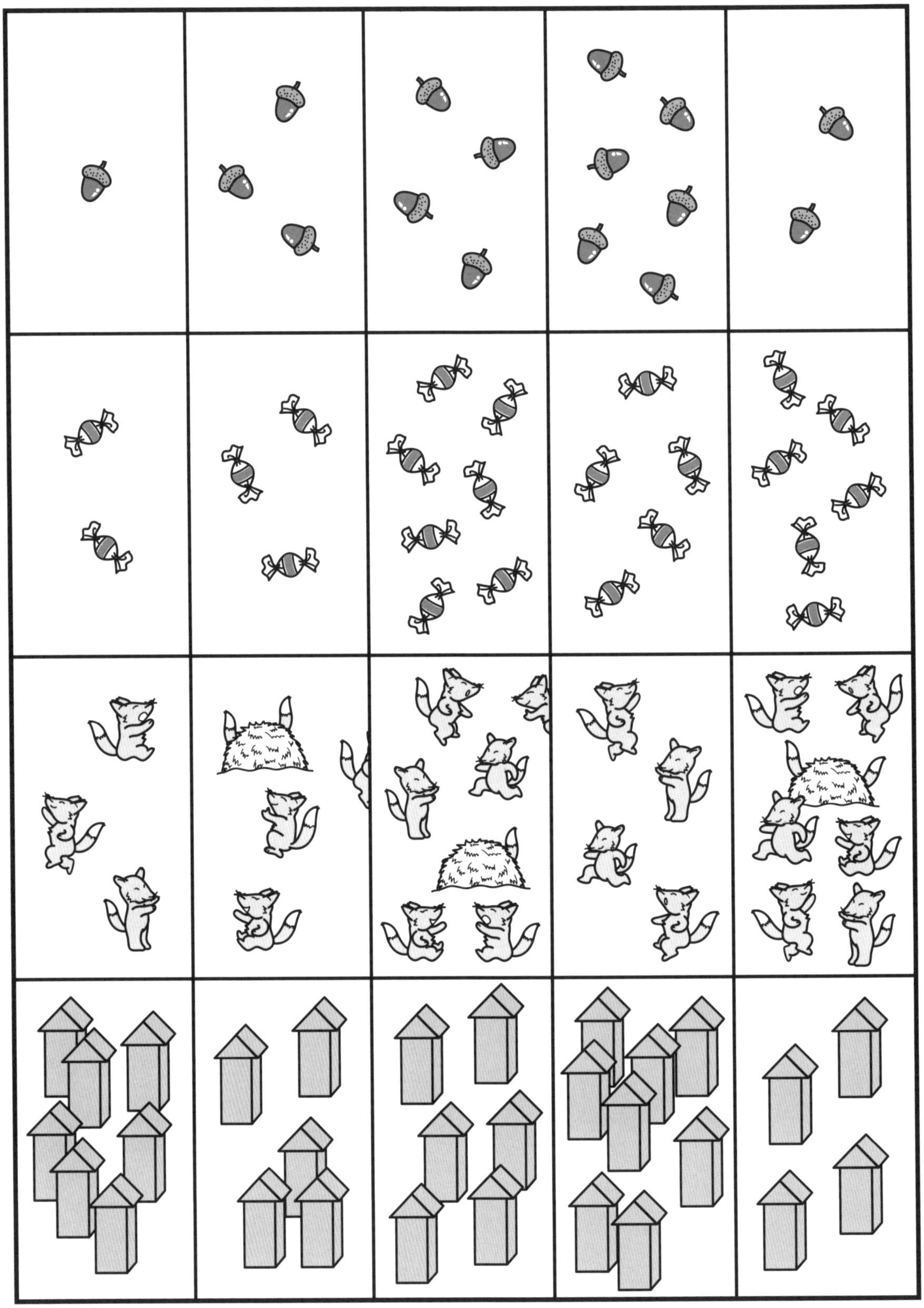

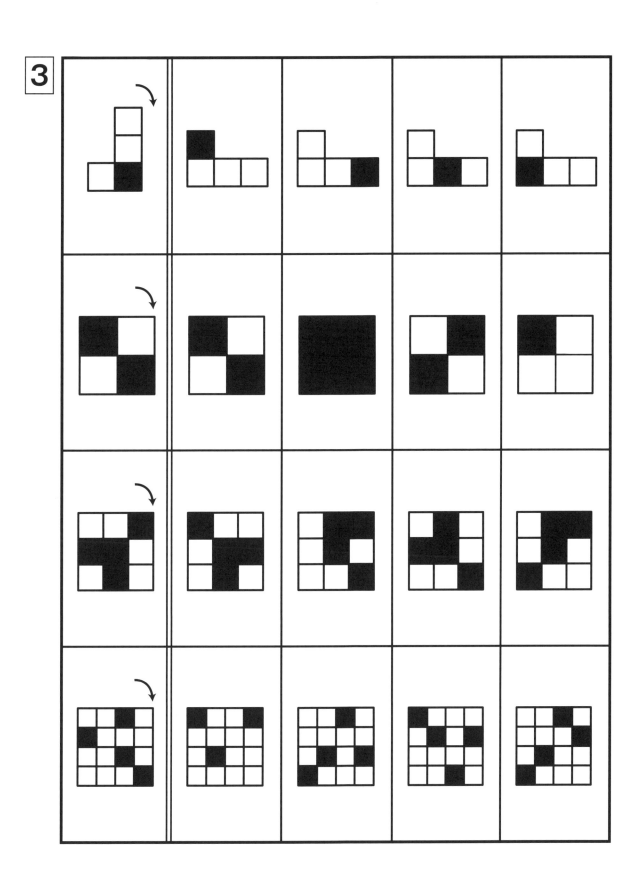

5

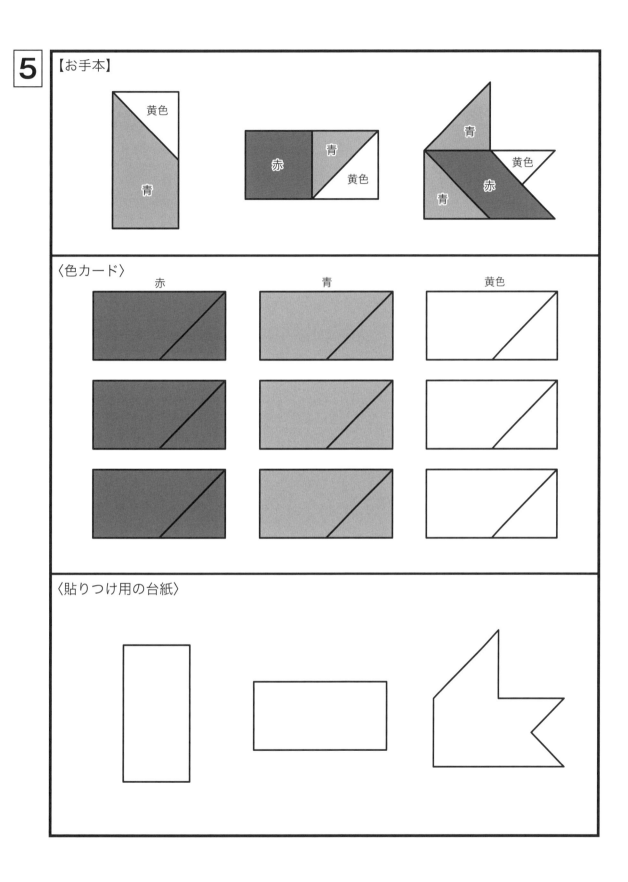

【お手本】

〈色カード〉
赤　　青　　黄色

〈貼りつけ用の台紙〉

2016 埼玉大学教育学部附属小学校入試問題

選抜方法

第一次	当日受付時に抽選が行われ、受検番号と考査の順番が決定する。考査は1日で、15〜20人単位でペーパーテスト、集団テスト、運動テストを行い、男子91人、女子77人を選出する。所要時間は待ち時間を入れて最大約5時間、うち考査時間は約2時間30分。
第二次	当日受付時に抽選が行われ、受検番号と考査の順番が決定する。第一次合格者を対象に集団テストと親子面接を行い、男子50人、女子60人の合格候補を選出する。所要時間は待ち時間を入れて最大約4時間。そのうち考査の所要時間は約30分。面接時間は約8分。
第三次	第二次合格者を対象に抽選。

考査：第一次

ペーパーテスト

筆記用具は鉛筆を使用し、訂正方法は×（バツ印）。出題方法は口頭。どの問題も、最初に例題を一緒に行ってから取り組む。

1 巧緻性

・左側のお手本と同じになるように、右側の絵を鉛筆で塗りましょう。

2 推理・思考（絵の順番）

・それぞれの段の絵を順番になるように並べたとき、2番目と4番目になる絵に○をつけましょう。

3 推理・思考（鏡映図）

・左端の絵の横にある太線に鏡を立てて映すとどのように見えますか。右側から選んで○をつけましょう。

4 推理・思考

・動物がそれぞれ絵のように綱引きをしました。この中で勝った数が一番多い動物を右端から選んで○をつけましょう。
・動物たちが重さ比べをしました。一番重い動物を右端から選んで○をつけましょう。

5 観察力（同図形発見）

・左端の絵と同じ絵を右側から選んで○をつけましょう。

集団テスト

別の教室に移動して行われる。

6 観察力・巧緻性

お手本（3種類）、貼りつけ用の台紙（水色）、6つの三角が印刷された色カード（赤、青、黄色）各1枚、つぼのり、はさみ、お手ふきが用意されている。

・お手本と同じになるように、用意されている色カードの中から必要な分の三角をはさみで切り取り、台紙の枠にピッタリ入るようにのりで貼りましょう。それぞれ、枠の上にかいてある四角の数だけ三角を使います。「やめ」と言われたら終わりにしてください。

運動テスト

体育館に移動して行われる。

連続運動

・運動A…机Aにカードを置く→テスターが転がしたボールをキャッチし、スタートの横にあるカゴに投げずに入れる→等間隔で5本引かれている長さ1mの横線の間をジグザグに走る→置いてある箱を回り、2列のコーンの間を全力でゴールまで走る→机Aからカードを受け取る。

・運動B…机Bにカードを置く→クマ歩きをする→ゴム段が4本あり、交互に跳ぶ、くぐるをくり返す→歩いてゴールしたら机Bまで行きカードを受け取る。

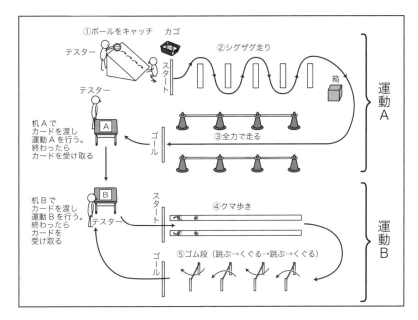

集団テスト

4人ずつのグループに分かれ、2グループ同時に行う。

▣ 行動観察（タワー作りゲーム）

机から少し離れたところにプラスチックのコップがたくさん用意されている。

・みんなで協力してコップをできるだけ高く積みましょう。1人が一度に持ってこられる
コップは2つです。音楽が止まったらやめましょう。高く積めたグループの勝ちです。
ゲームは3回行います。2回目と3回目はどうしたらもっと上手に積めるか、みんなで
相談してからやりましょう。

親 子 面 接

面接官2人（質問者とストップウオッチで時間を計測する人）。

▣ 生活習慣

面接の前に、子どもはテスターの席の前に敷かれている畳の上に靴を脱いで上がり、テス
ターに検査カードを渡す。

本 人

・お家からこの学校まで誰とどうやって来ましたか。
・この学校の名前を言ってください。
・小学校に入るまでの間にできるようになりたいことはありますか。お母さん（お父さん）
とお話ししてみてください（制限時間45秒間）。
・幼稚園（保育園）でお友達と遊んでいたブロックが散らかっています。そこへお母さん
がお迎えに来て「帰るよ」と言われたら、あなたならどうしますか。

保護者

・小学校ではお子さんのどのようなところを伸ばしたいと思いますか。また、そのために
本校のどのような特色が生かせると思いますか。
・お子さんが劇の主役になったとします。劇の発表当日に微熱がありせきも少し出ていま
す。そのようなときはどう対応しますか。
・乱暴な子がクラスにいるとします。お子さんはその子に「休み時間に遊ぼう」と誘われ
ましたが断りました。すると、その子の保護者から苦情の電話がかかってきました。こ
のような場合の対処法をいくつかお話しください。

・行事への絶対参加や車での登校禁止など本校にはいくつかのルールがありますが、守っ
　ていただけますか。
・入学からゴールデンウイークまでは送迎が必要ですが、どなたが行いますか。

1

3

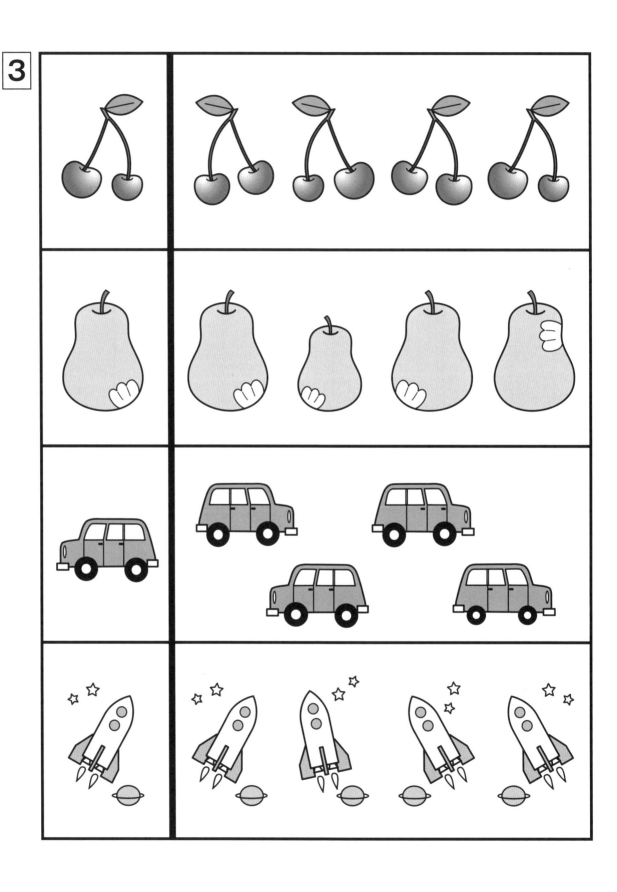

4

5

6 【お手本】

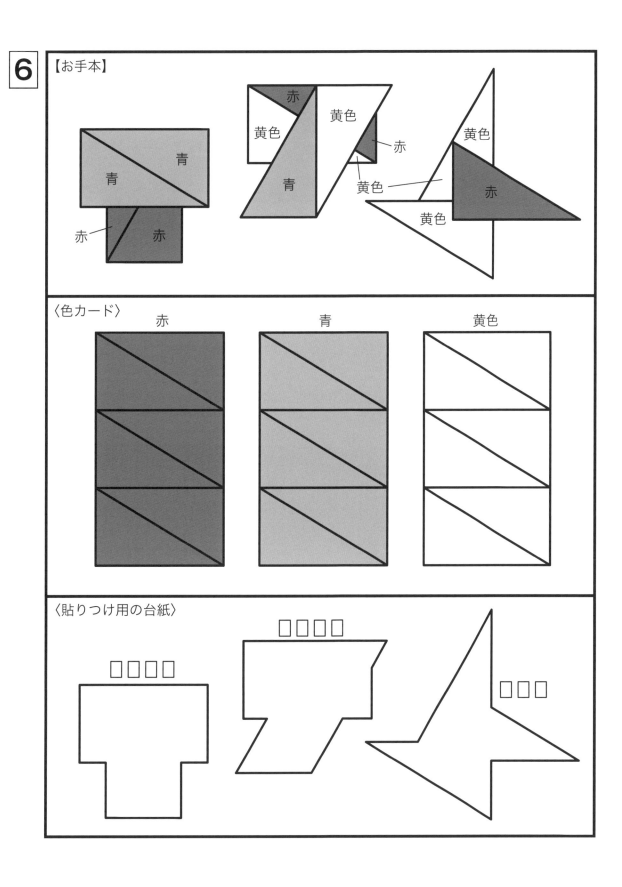

〈色カード〉

赤　　青　　黄色

〈貼りつけ用の台紙〉

2015 埼玉大学教育学部附属小学校入試問題

■ 選抜方法

| 第一次 | 当日受付時に抽選が行われ、受検番号と考査の順番が決定する。考査は1日で、約20人単位でペーパーテスト、集団テスト、運動テストを行い、男子76人、女子95人を選出する。所要時間は待ち時間を入れて最大約5時間。そのうち考査時間は約2時間30分。 |

| 第二次 | 当日受付時に抽選が行われ、受検番号と考査の順番が決定する。第一次合格者を対象に集団テストと親子面接を行い、男子58人、女子49人の合格候補を選出する。所要時間は待ち時間を入れて最大約4時間。そのうち考査の所要時間は約30分。面接時間は約8分。 |

| 第三次 | 第二次合格者を対象に抽選。 |

考査：第一次

┃ ペーパーテスト

筆記用具は鉛筆を使用し、訂正方法は×（バツ印）。出題方法は口頭。どの問題も、最初に例題を一緒に行ってから取り組む。

1 巧緻性

・左側のお手本と同じになるように右側の絵を鉛筆で塗りましょう。

2 数 量

・上の絵のものが2番目に多く描いてある四角に、それぞれ○をつけましょう。

3 観察力（同図形発見）

・左端の絵と同じ絵を右側から選んで○をつけましょう。

4 推理・思考（重さ比べ）

・それぞれの段で、一番重いものはどれですか。一番重いものを探して右の絵に○をつけましょう。

5 構 成

・左端の形になる組み合わせを、右側から選んで○をつけましょう。形は向きを変えてもよいですが、裏返してはいけません。

| **集団テスト** | 別の教室に移動して行われる。

6 観察力・巧緻性

お手本（3種類）、貼りつけ用の台紙3枚（A4判）、短冊状の折り紙（表が赤・裏が白、表が黄色・裏が水色）各5枚、つぼのり、お手ふきが机の上に、ビニール袋が机の中に用意されている。お手本は各自に配付される。

・お手本と同じになるように、折り紙を折ってのりで台紙に貼りましょう。お手本には、使う折り紙の枚数が黒丸でかいてあるので、その枚数で作りましょう。「やめ」と言われたらビニール袋にしまいましょう。

| **運動テスト** | 体育館に移動して行われる。

7 連続運動

・机Aにカードを置く→平均台を渡る→手を使わずに2段の跳び箱に上がり、3段の跳び箱に移ってマットに飛び降りる→8段の跳び箱によじ登り、マットに飛び降りる→コーンを回り、全力でゴールまで走る→机Aからカードを受け取る。

・次の机Bの上にカードを置く→マットの端の手と足のマークに手足をつき、マットの上をクマ歩きする→鈴がセットされた旗がジグザグに置かれているので、左右交互に鈴にタッチしながら走る→ポールに貼られた紙の下をくぐる→ゴム段を跳ぶ→歩いてゴールしたら机Bまで行きカードを受け取る。

考査：第二次

| **集団テスト** | 4人ずつのグループに分かれ、2グループ同時に行う。

行動観察

前方に絵が貼ってある（ブタ、消防車、聴診器などグループによって異なる）。カゴの中に入っているホース（約80cm）を1人1本持ってくるよう指示される。

・前に貼ってある絵と仲よしのものを考えて、ホースを使ってその仲よしのものの様子を表現してみましょう。仲よしのものを何にするか、ホースをどのように使うかなどをグループで相談しましょう。「やめ」と言われたらグループごとに発表しましょう。（例：前に貼ってある絵がブタの場合、同じ動物の仲間のゾウを選び、ホースでゾウの鼻を表

現するなど）

本 人

- お名前を教えてください。
- 幼稚園（保育園）で仲のよいお友達を1人教えてください。
- 仲のよいお友達と何をして遊びますか。
- 幼稚園（保育園）に行く前に、自分もしくはお母さんと用意することは何ですか。思いつくだけ教えてください。
- お父さんと遊んで楽しかったことを3つ教えてください。
- 家族みんなで行ったところを3つ教えてください。

保護者

- 1年生の携帯電話の所有率が約半数です。携帯電話の所持についてどのように思いますか。
- 当事者だと思って答えてください。お子さんが明日提出しなければならない宿題を学校に忘れてしまいました。どうしますか。
- お子さんのお友達がほかのお友達にいじめられたと言っています。保護者同士も仲がよいです。どのように対応しますか。
- 本校では自主性を養う教育（自主的に学んで成長する）をしていますが、ご家庭ではどのようにしているか家庭教育方針と交えてお話しください。
- 車での送迎禁止や学校行事の参加など必ず守ってもらいたいことがあります。必ず守っていただけますか。
- 入学後の登下校時、送り迎えができますか。

1

2

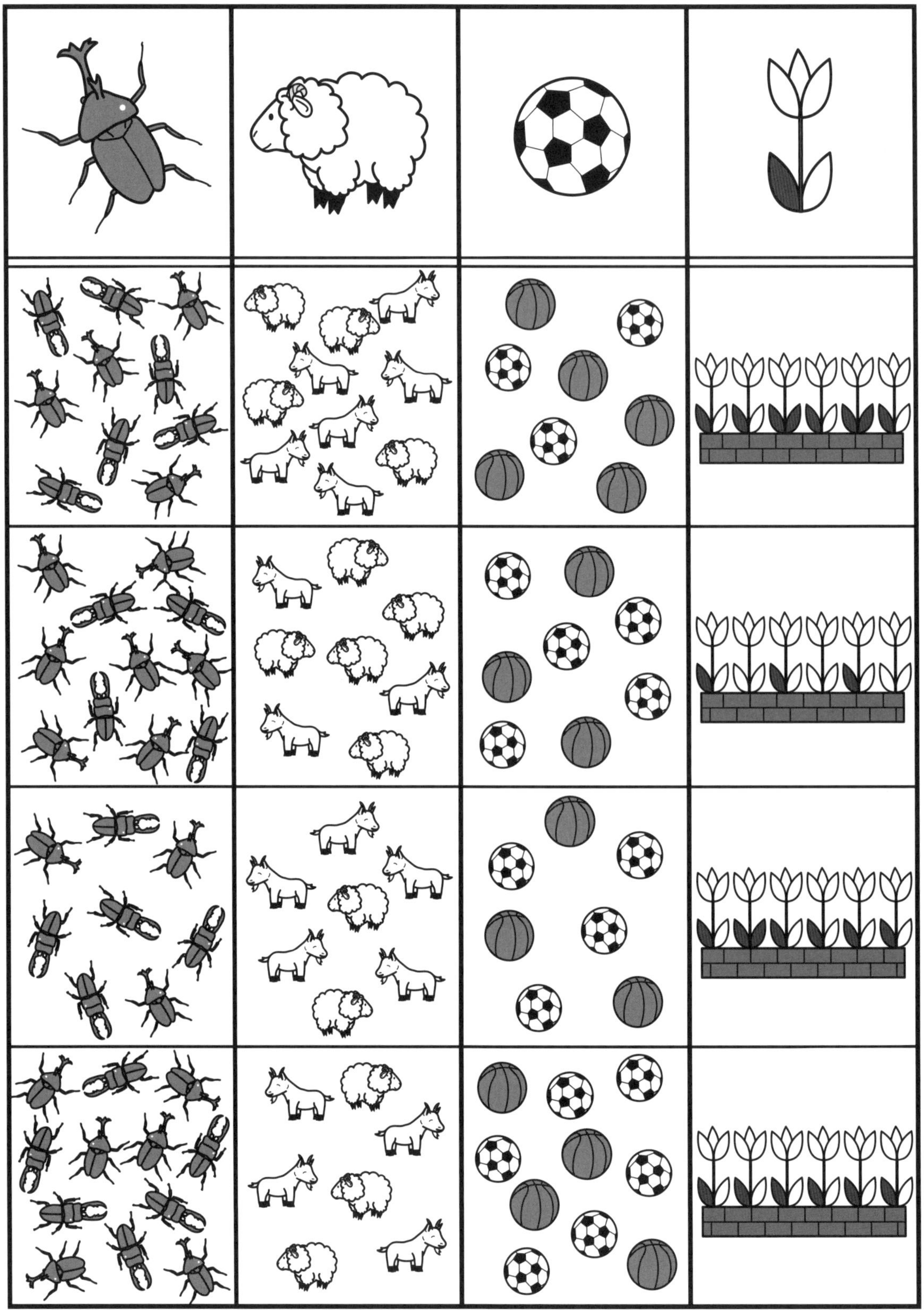

3

4

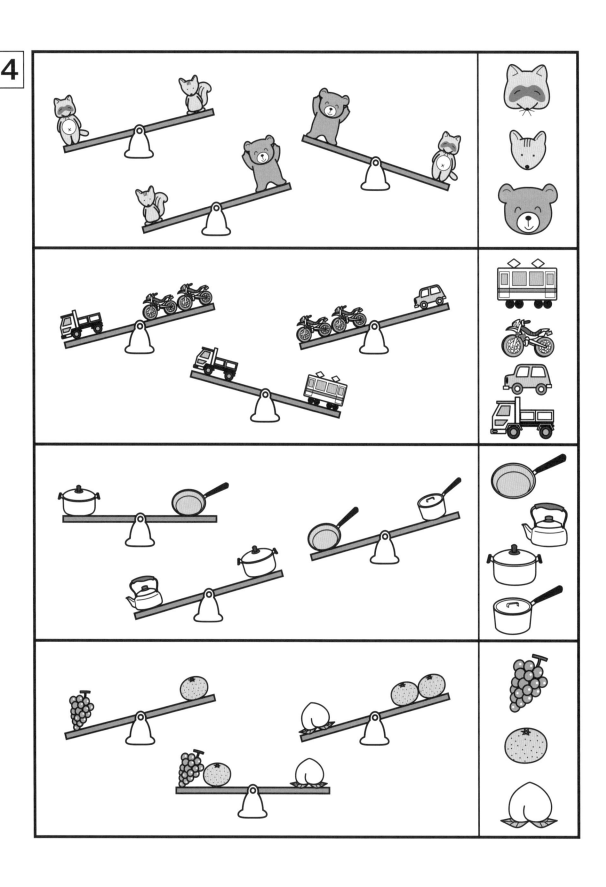

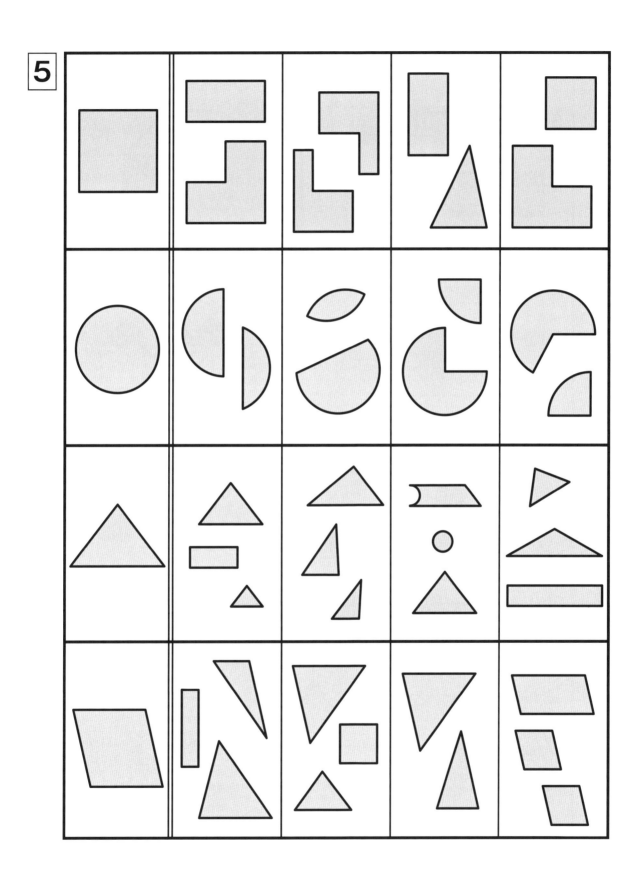

5

6

〈短冊状の折り紙〉

（表）赤 5枚　→　（裏）白

（表）黄色 5枚　→　（裏）水色

【お手本1】● ●

水色 ── ── 白
黄色 ── ── 赤

【お手本2】● ● ●

赤
黄色 ── ── 黄色
水色 ── ── 水色

【お手本3】● ● ● ●

水色 ──
水色
黄色 ── ── 赤
── 白
赤

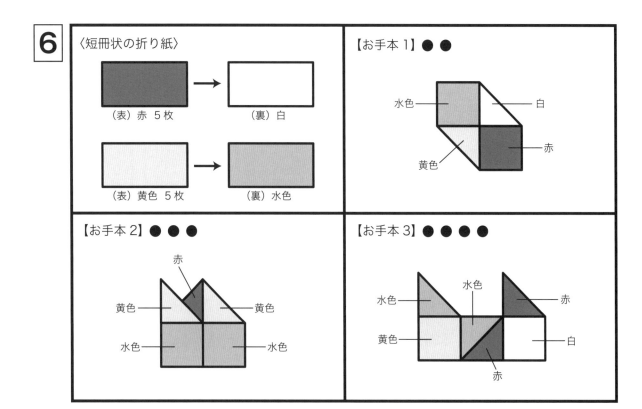

7

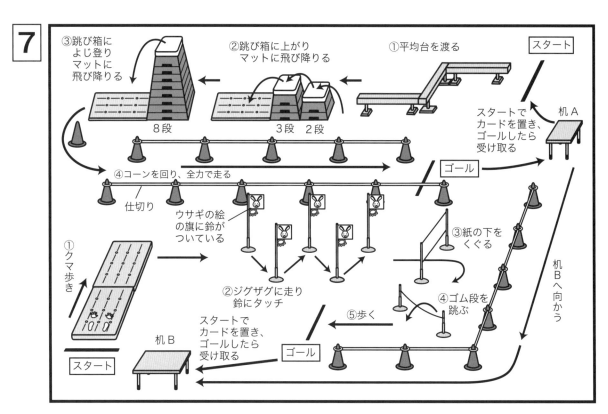

③跳び箱によじ登りマットに飛び降りる

②跳び箱に上がりマットに飛び降りる

①平均台を渡る

スタート

スタートでカードを置き、ゴールしたら受け取る

机 A

8段　　3段 2段

④コーンを回り、全力で走る

仕切り

ウサギの絵の旗に鈴がついている

ゴール

③紙の下をくぐる

①クマ歩き

②ジグザグに走り鈴にタッチ

④ゴム段を跳ぶ

⑤歩く

机 B へ向かう

スタートでカードを置き、ゴールしたら受け取る

机 B

ゴール

スタート

<small>section</small> 2014 埼玉大学教育学部附属小学校入試問題

■ 選抜方法

| 第一次 | 当日受付時に抽選が行われ、受検番号と考査の順番が決定する。考査は１日で、約20人単位でペーパーテスト、集団テスト、運動テストを行い、男子89人、女子90人を選出する。所要時間は待ち時間を入れて最大約５時間。そのうち考査時間は約２時間30分。 |

| 第二次 | 当日受付時に抽選が行われ、受検番号と考査の順番が決定する。第一次合格者を対象に集団テストと親子面接を行い、男子56人、女子58人の合格候補を選出する。所要時間は待ち時間を入れて最大約４時間。そのうち考査の所要時間は約30分。面接時間は約８分。 |

| 第三次 | 第二次合格者を対象に抽選。 |

考査：第一次

┃ ペーパーテスト

筆記用具は鉛筆を使用し、訂正方法は×（バツ印）。出題方法は口頭。どの問題も、最初に例題を一緒に行ってから取り組む。

1 推理・思考（絵の順番）

・それぞれの段の絵を順番に並べたとき、２番目と４番目になる絵に○をつけましょう。

2 観察力（同図形発見）

・左端の絵と同じ絵を右側から選んで○をつけましょう。

3 構 成

・左端の形を合わせてできる形を右側から選んで○をつけましょう。形は向きを変えてもよいですが、裏返してはいけません。

4 常識（仲間探し）

・左端の絵と仲よしのものを右側から選んで○をつけましょう。

5 推理・思考（鏡映図）

・左端の絵の右側の二重線の上に鏡を置くと鏡にはどのように映りますか。右側から選んで○をつけましょう。

6 **巧緻性**

・左側のお手本と同じになるように、右側の絵を鉛筆で塗りましょう。

集団テスト 別の教室に移動して行われる。

7 **観察力・巧緻性**

貼りつけ用の台紙3枚、三角形の折り紙（表が水色、黄色。裏面はどちらもしま模様）各6枚、つぼのり、お手ふきが机の上に、ビニール袋が机の中に用意されている。お手本は各自に配付される。

・お手本と同じになるように、折り紙をのりで台紙に貼りましょう。「やめ」と言われたらビニール袋の中にしまいましょう。

運動テスト 体育館に移動して行われる。

8 **連続運動**

・机Aにカードを置く→ジグザグに置かれた動物の旗をタッチしながら走る→2本のゴム段を跳んでくぐる→箱の周りを回ってマットの間を走る→机Aからカードを受け取る。

・次の机Bの上にカードを置く→全力で箱まで走る→10段のはしごを上りタンバリンを1回たたいて降りる→5段の跳び箱に上がり、飛び降りる→マットで前転をする→歩いてゴールしたら机Bまで行きカードを受け取る。

考査：第二次

集団テスト

■ **リズム・身体表現**

8人ずつのグループに分かれて、1人2本の筒を持ってテスターのまねをして踊る。

■ **行動観察**

8人のグループを2組に分け、4人で行う。1人2本の筒を使い、お手本の形を協力して作る。早くできたグループの勝ち。

親 子 面 接 面接官2人（質問者とストップウオッチで時間を計測する人）。

本 人

- ・お名前を教えてください。
- ・今日は誰と来ましたか。
- ・好きな絵本を教えてください。題名がわからなかったら内容でもよいですよ。（理由を聞かれる場合もある）
- ・朝起きてから出かける前にすることを3つ教えてください。
- ・食事のときに気をつけることを3つ言ってください。
- ・お友達2人と外で遊ぶお約束をしていたのに2人のお友達同士が中で遊ぶことに決めてしまいました。あなたはどうしますか。その理由も教えてください。

保護者

- ・小学校に入学したら頑張りたいことをお子さんと一緒にお話しください。
- ・学校教育に協力できる保護者の条件を3つ答えてください。
- ・学校で守らなくてはならないこと（行事への参加など）を守れますか。
- ・日ごろからご家庭で大切にしていることを教育方針を踏まえて3つお話しください。
- ・4月からゴールデンウイークまで誰が送り迎えをしますか。

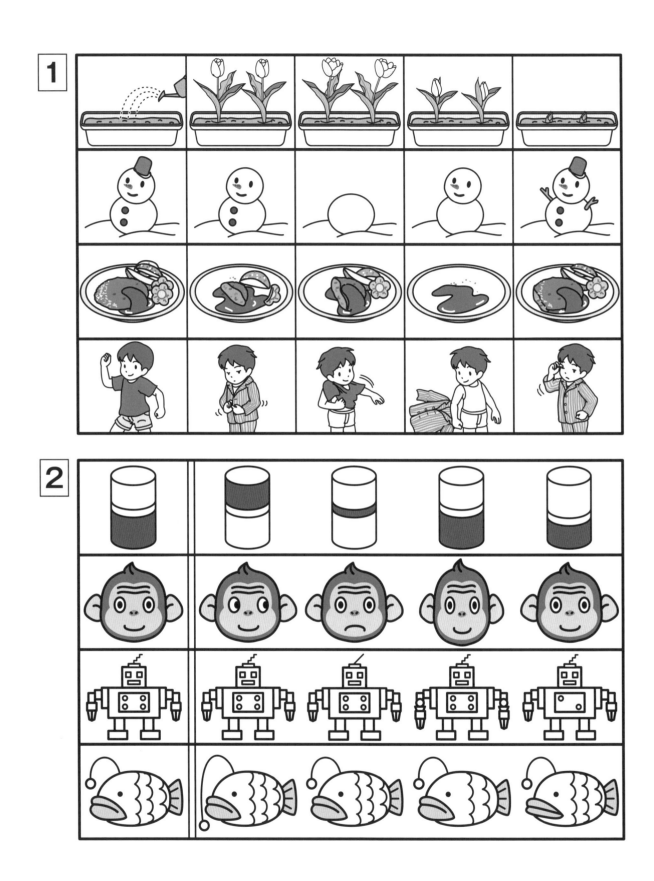

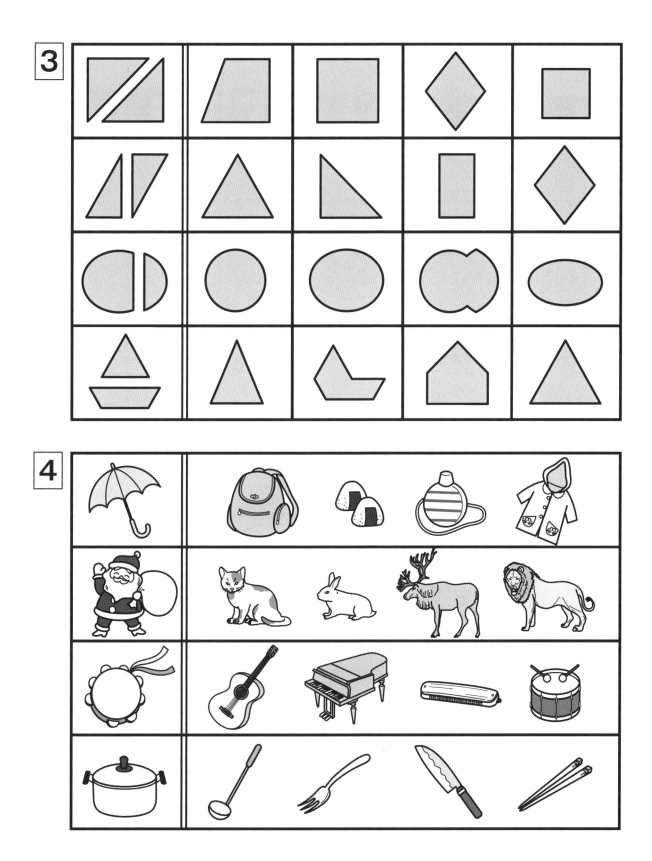

5

6

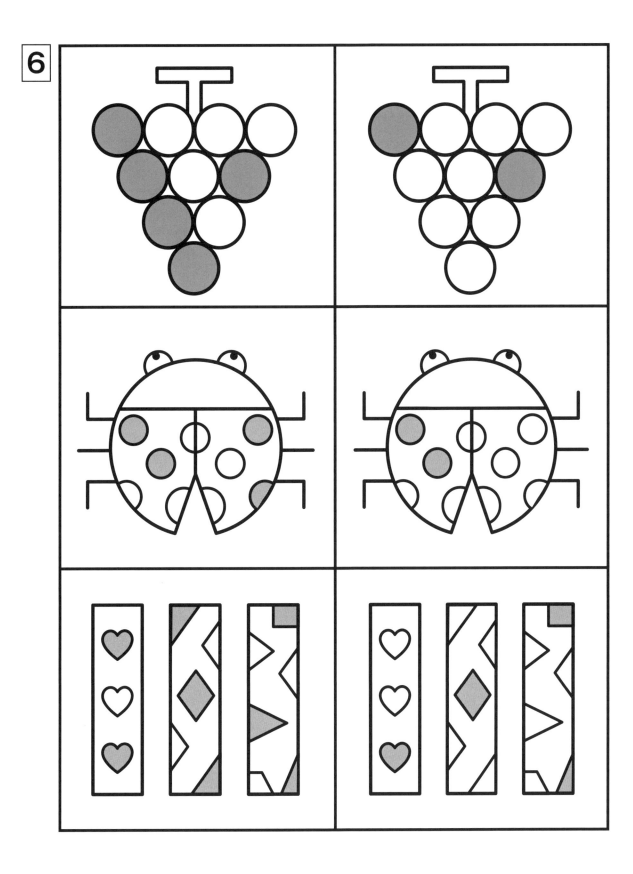

7

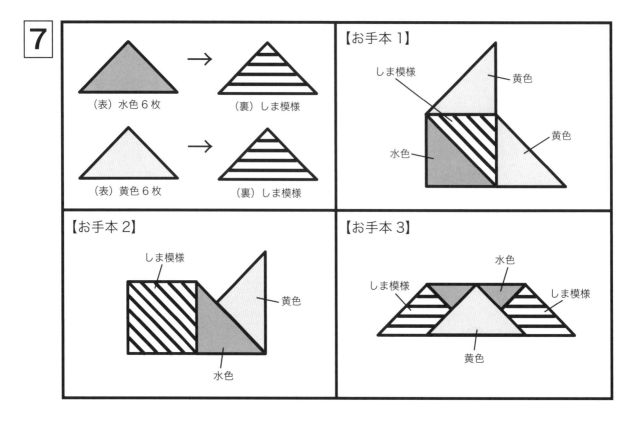

（表）水色6枚　→　（裏）しま模様

（表）黄色6枚　→　（裏）しま模様

【お手本1】
しま模様　黄色
水色　黄色

【お手本2】
しま模様
黄色
水色

【お手本3】
しま模様　水色　しま模様
黄色

8

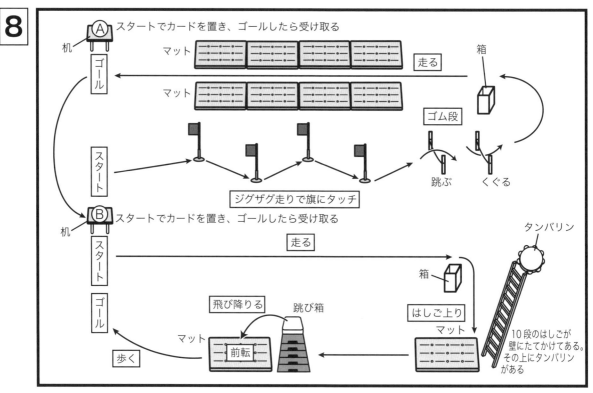

机　Ⓐ　スタートでカードを置き、ゴールしたら受け取る

ゴール　マット　走る　箱

スタート　マット

ジグザグ走りで旗にタッチ

ゴム段
跳ぶ　くぐる

机　Ⓑ　スタートでカードを置き、ゴールしたら受け取る

スタート　走る　箱　タンバリン

ゴール　はしご上り　マット

飛び降りる　跳び箱

マット　前転　10段のはしごが壁にたてかけてある。その上にタンバリンがある

歩く

埼玉大学教育学部附属小学校
入試シミュレーション

埼玉大学教育学部附属小学校入試シミュレーション

1 数 量

・積み木の数を数えて、その数だけ右の四角に○をかきましょう。

2 推理・思考（鏡映図）

・左端のお手本の右側の二重線に鏡を置くと、鏡にはどのように映りますか。正しいものを右から選んで○をつけましょう。

3 観察力（同図形発見）

・左端のお手本と同じ絵を右から見つけて○をつけましょう。

4 観察力（異図形発見）

・左端のお手本と違う絵を右から見つけて○をつけましょう。

5 常識（仲間分け）

・それぞれの段で仲よしでないものを１つ見つけて○をつけましょう。

6 常識（道徳）

・いけないことをしている子どもに○をつけましょう。

7 推理・思考（重さ比べ）

・一番重いものに○、一番軽いものに×の印をつけましょう。

8 推理・思考（対称図形）

・左端のお手本の黒いところを切って開くと、どのような形になりますか。右の中から正しいものを見つけて○をつけましょう。

9 推理・思考（対称図形）

・上のお手本を黒い線のところで切りました。どのような形になるか考えて、下の中から正しいものを見つけて○をつけましょう。

10 推理・思考（折り図形）

・右側の３つの形は、左端のお手本と同じ大きさの折り紙を何度か折ったものです。左端のお手本と同じような折り目がつくものはどれか考えて○をつけましょう。

11 推理・思考

・左端のお手本の黒い積み木を取りのぞくとどのようになりますか。正しいものを右から選んで〇をつけましょう。

12 推理・思考（絵の順番）

・お話の順番にカードを並べ替えます。1番目の絵に〇、3番目の絵に△、最後の絵に✕をつけましょう。

13 構　成

・左端のお手本に、右側のどれを組み合わせると真ん丸や真四角になりますか。正しいものを右から選んで〇をつけましょう。

14 点図形・模写・巧緻性

・左側のお手本と同じになるように、右側に線をかいたり色を塗ったりしましょう。

15 点図形・巧緻性

・上のお手本と同じになるように、下の絵に線をかいたり色を塗ったりしましょう。

1

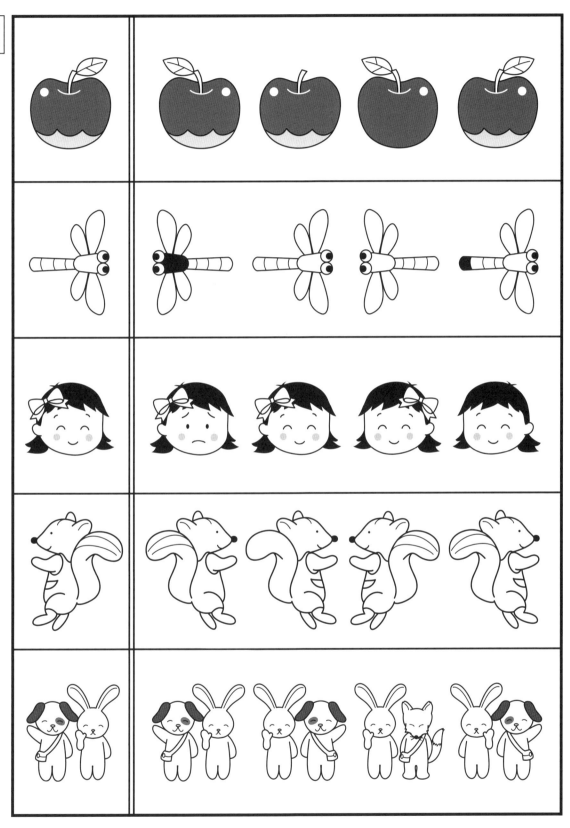

4

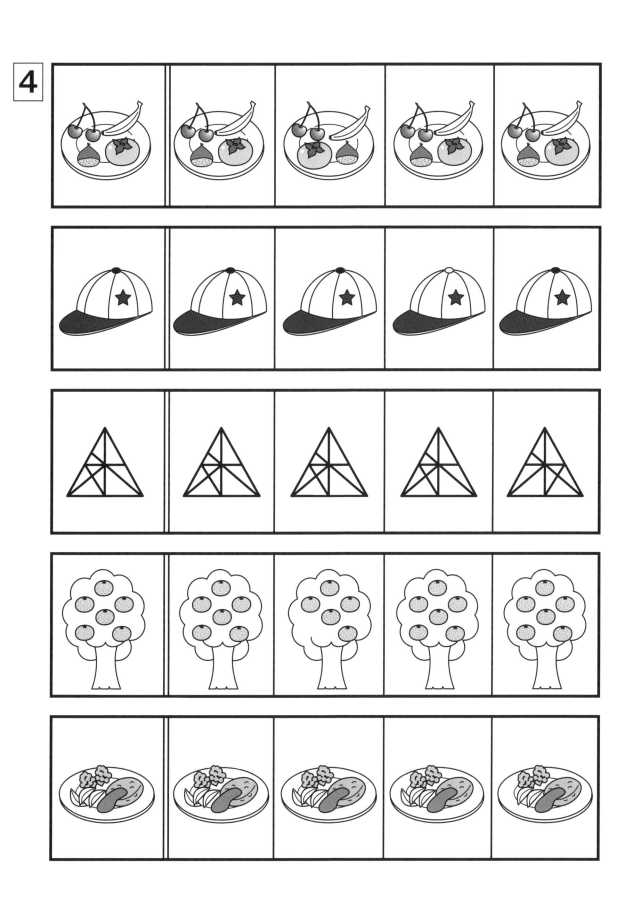

5

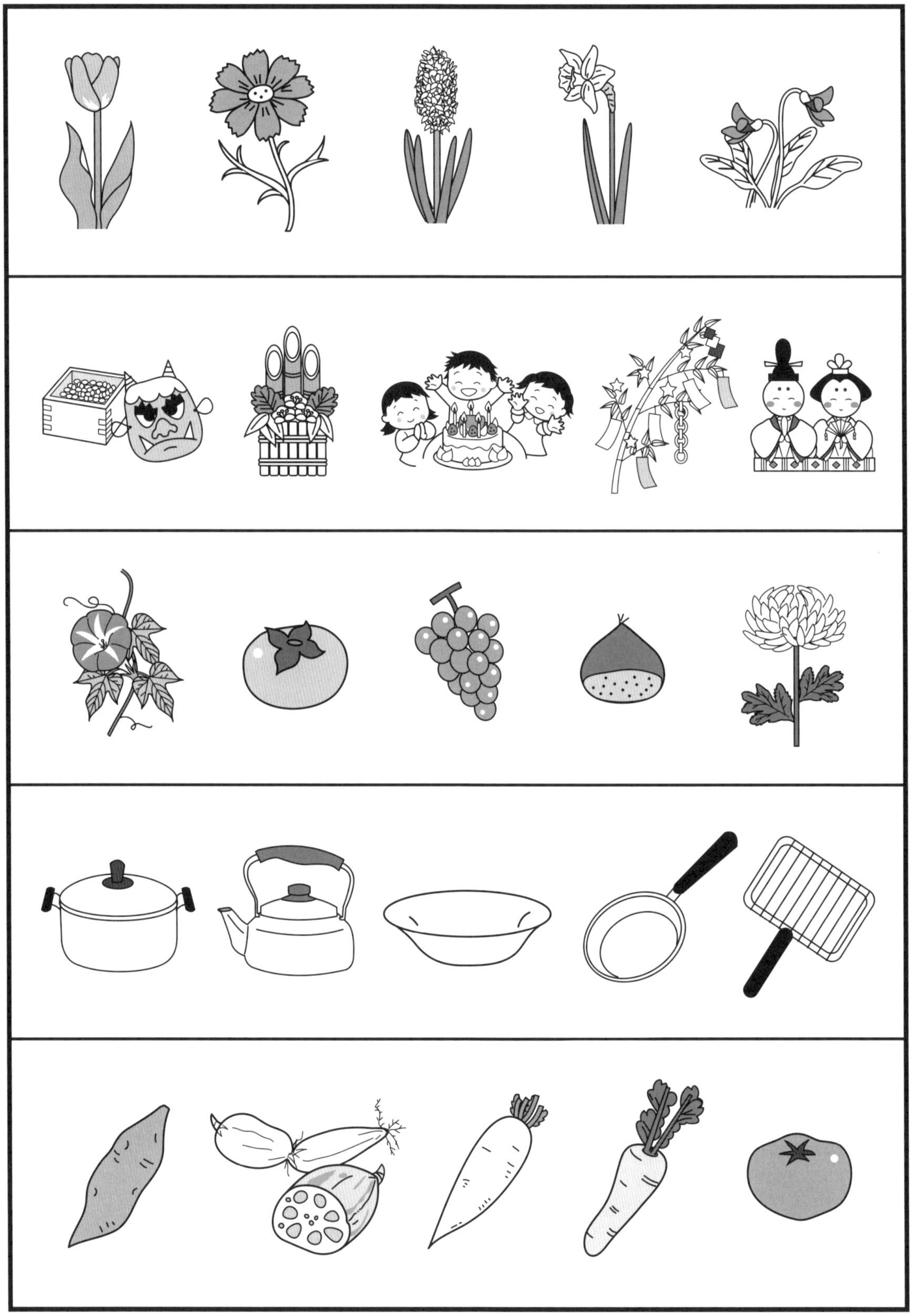

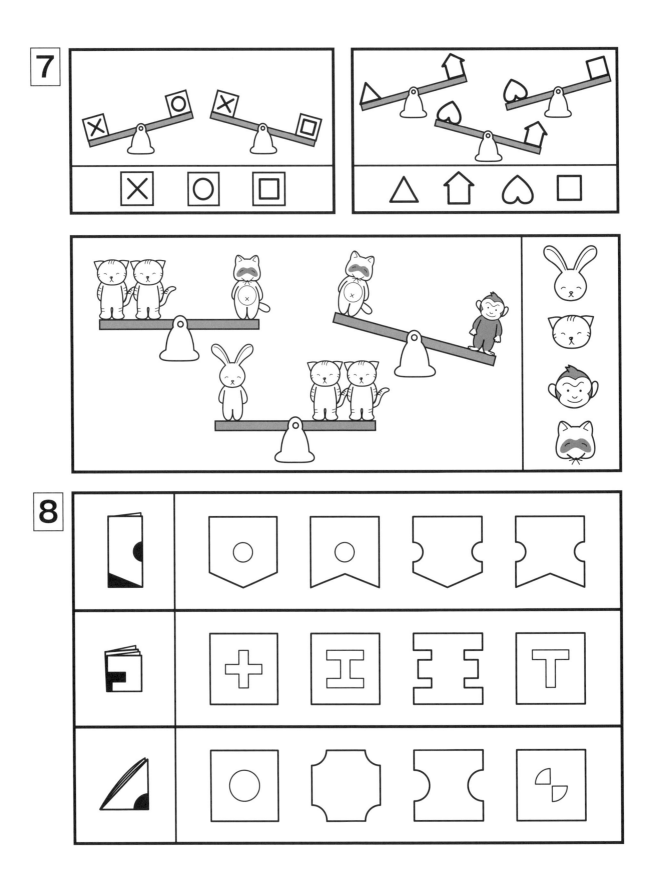

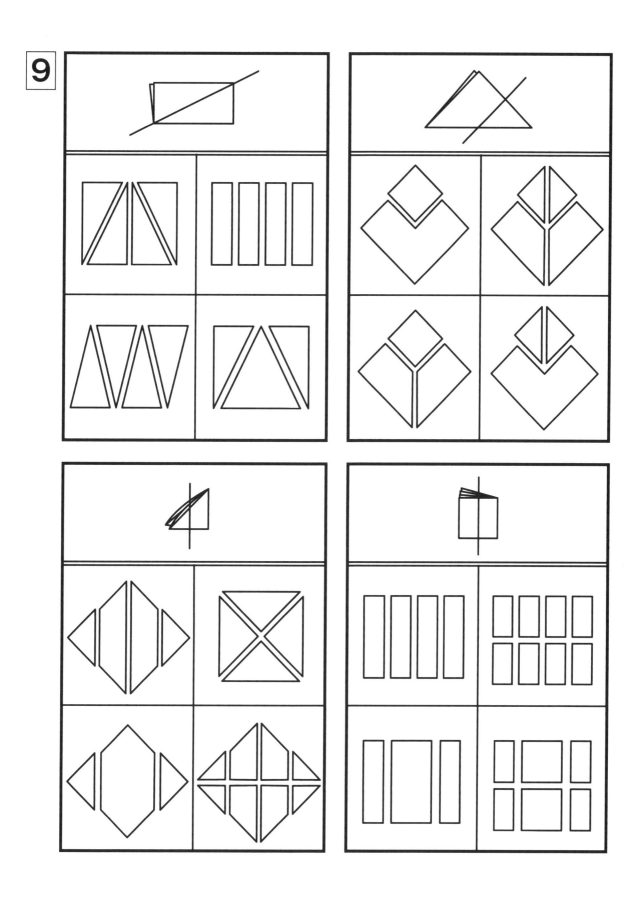

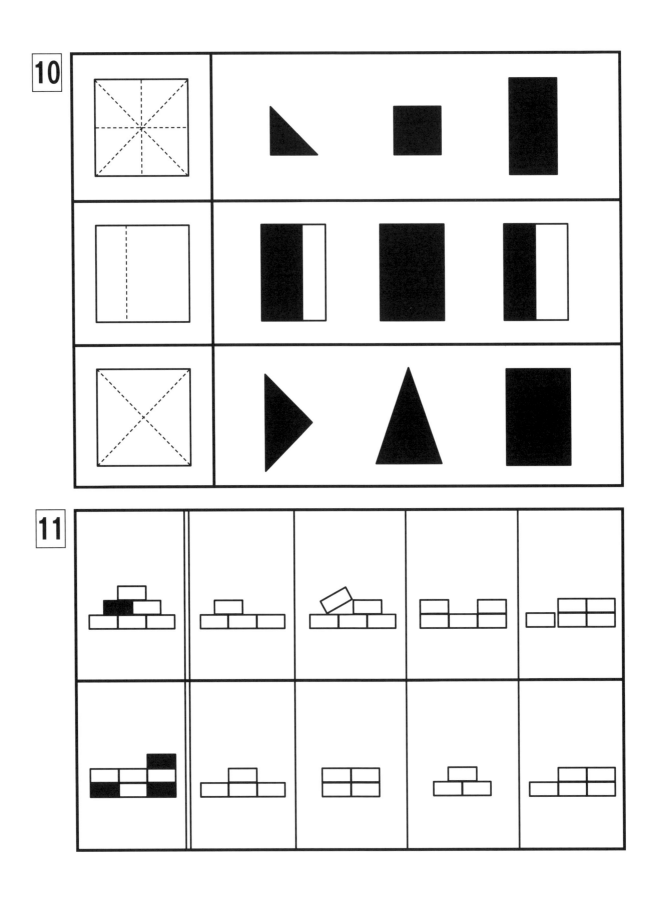

12

13

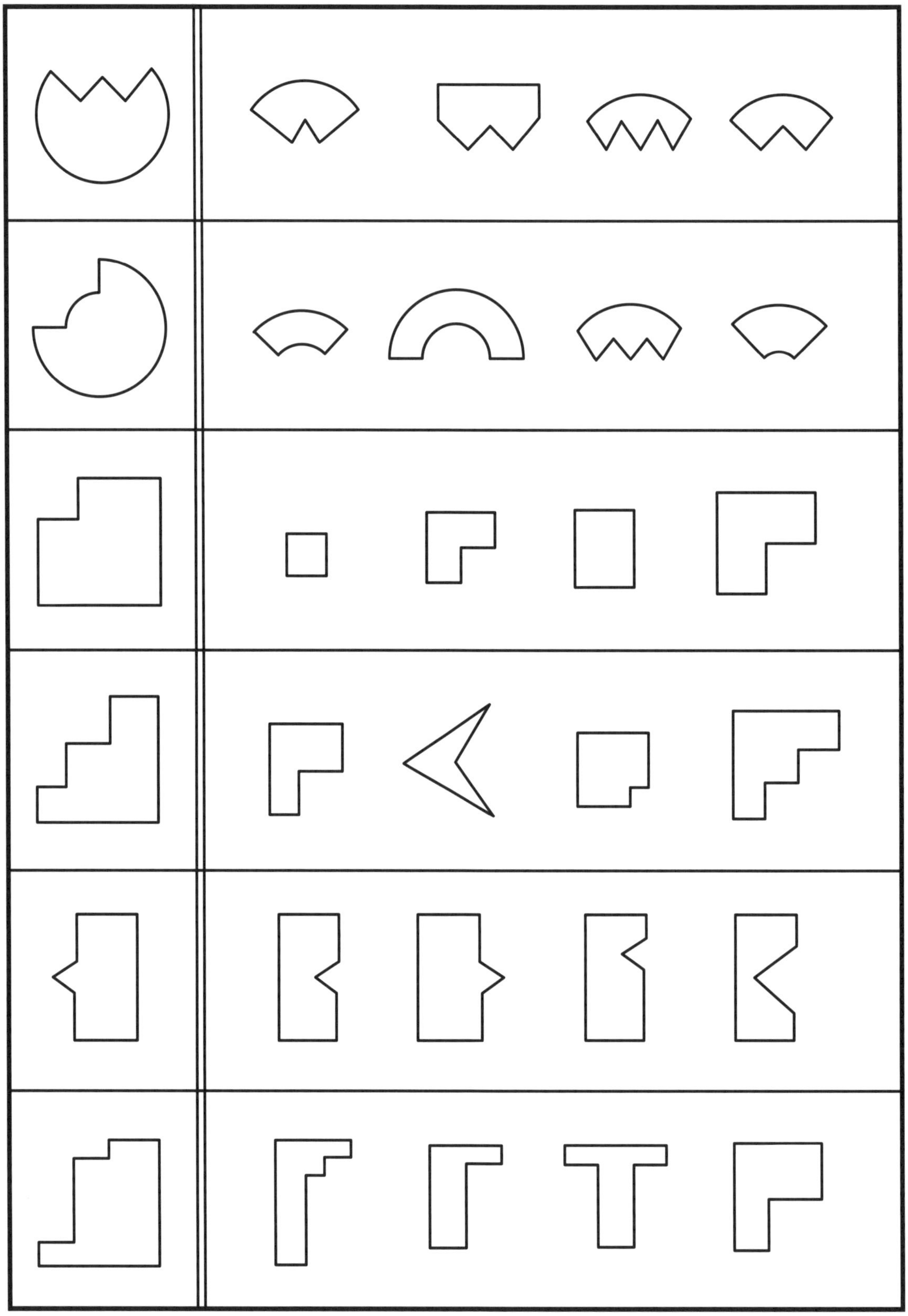

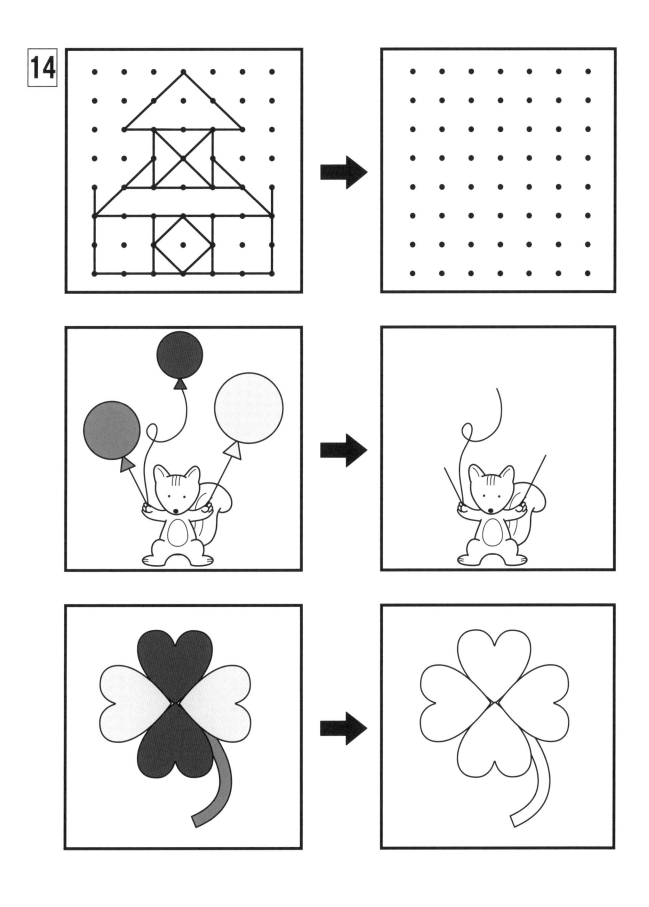

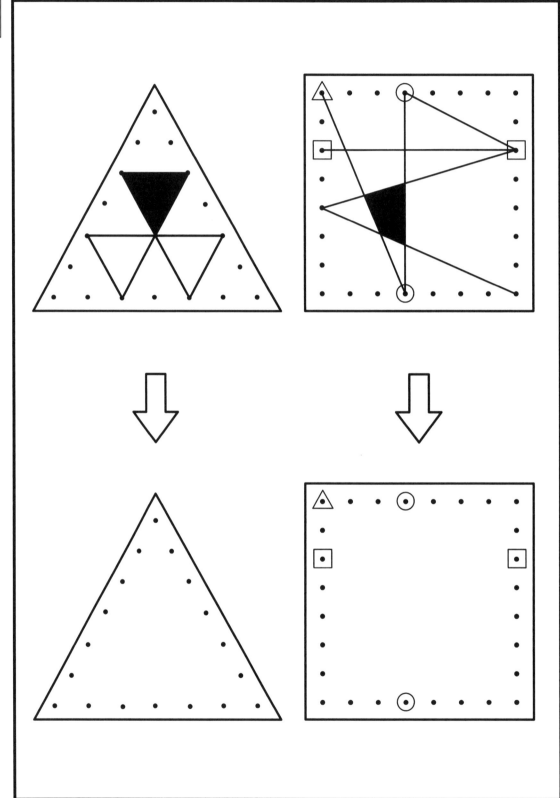

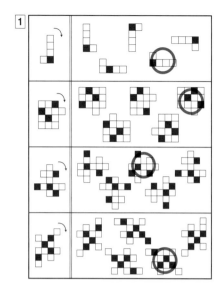

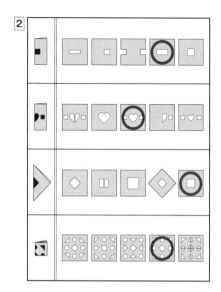

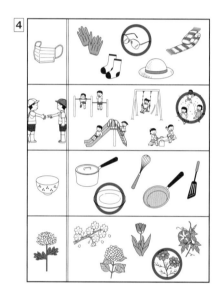

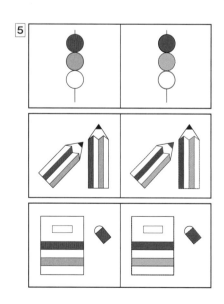

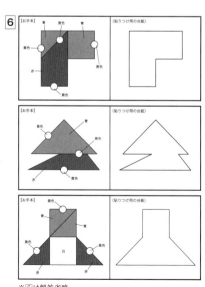

※ 6 は解答省略

1

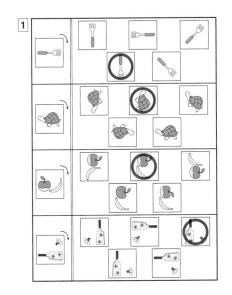

2

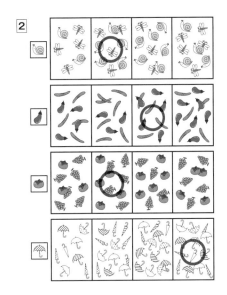

3

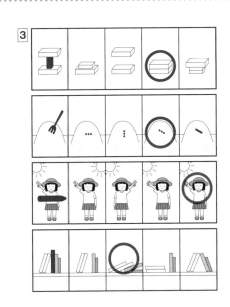

4

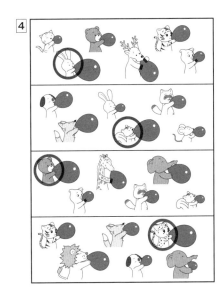

5

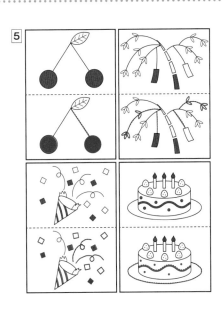

6

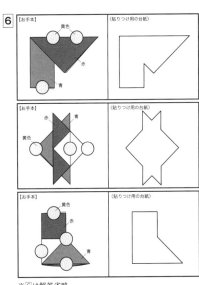

※ 6 は解答省略

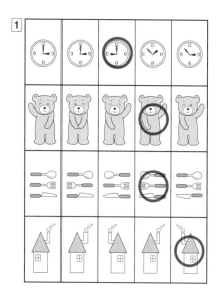

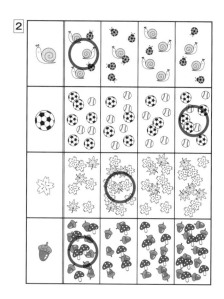

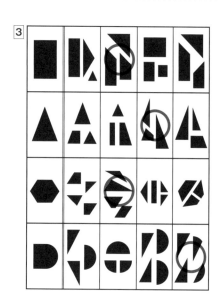

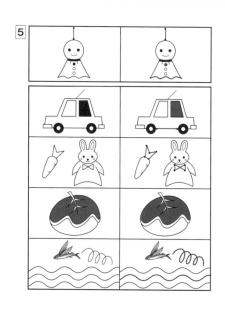

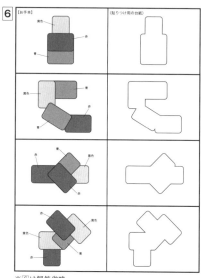

※ 6 は解答省略

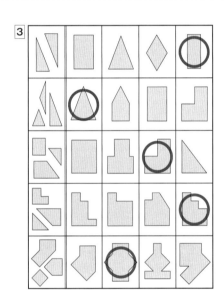

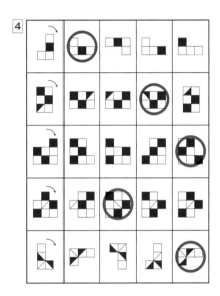

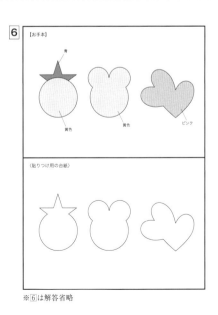

※ 6 は解答省略

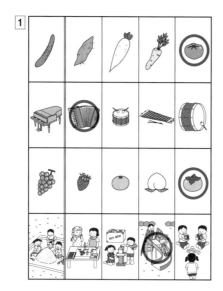

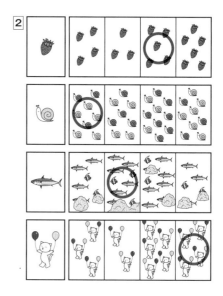

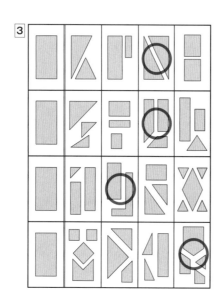

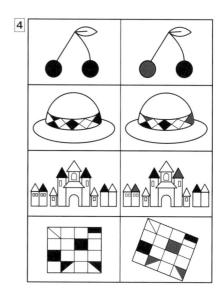

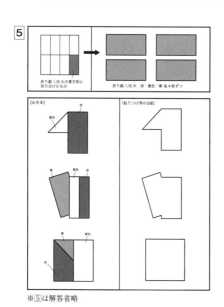

※ 5 は解答省略

1

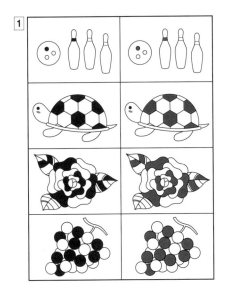

2

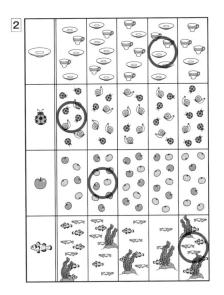

3

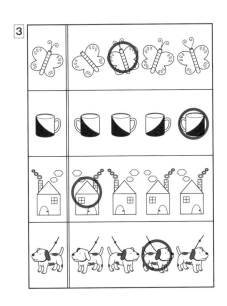

4

5

6

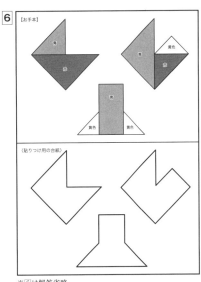

※ 6 は解答省略

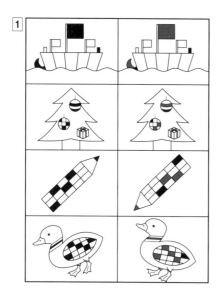

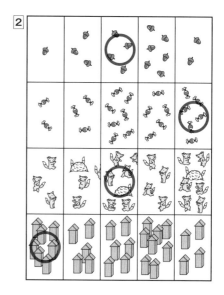

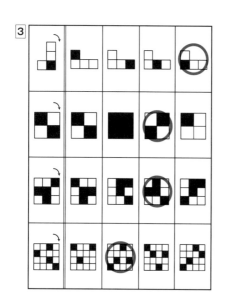

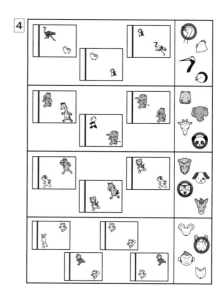

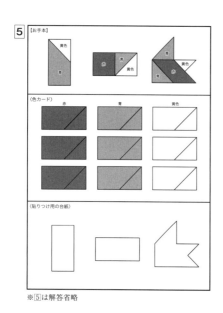

※⑤は解答省略

1

2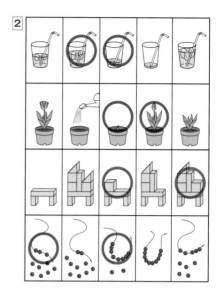

3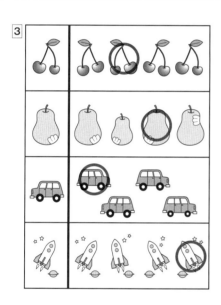

4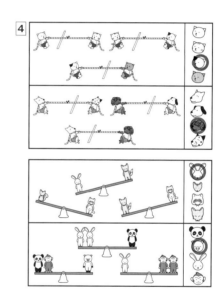

5

6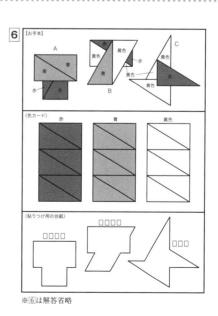

※⑥は解答省略

1

2

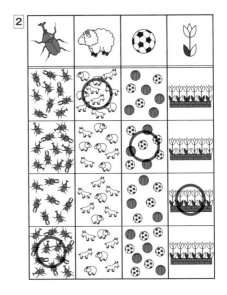

3

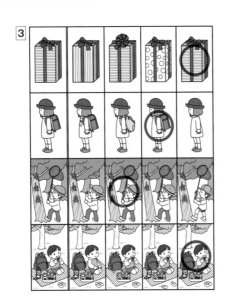

4

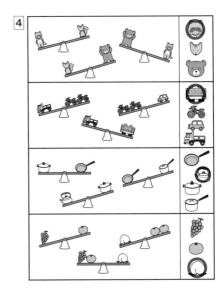

5

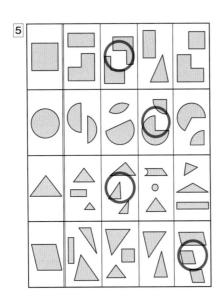

6 7

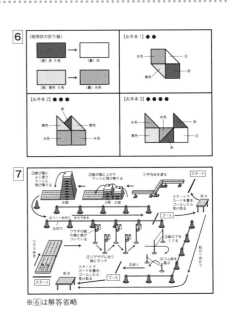

※6は解答省略

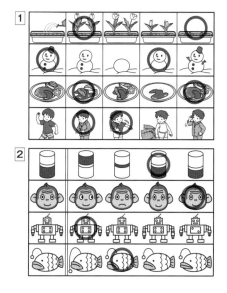

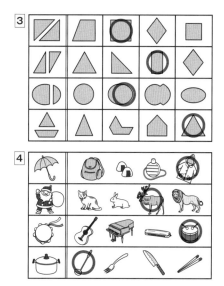

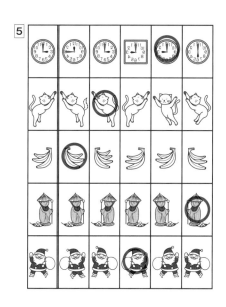

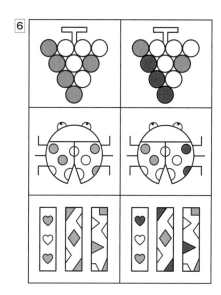

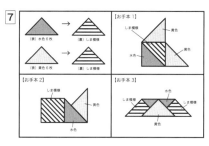

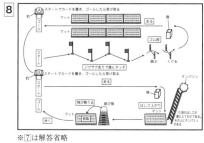

7

8

※7は解答省略

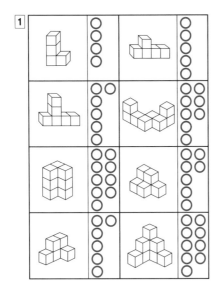

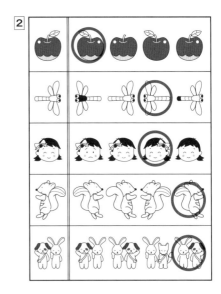

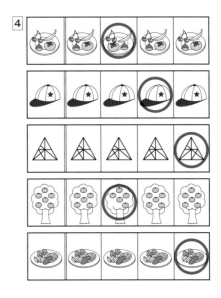

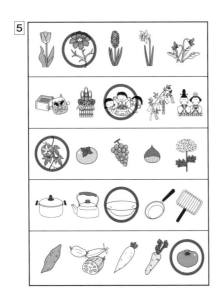

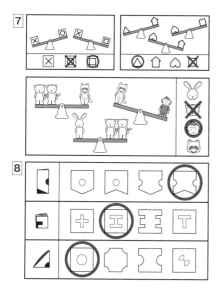

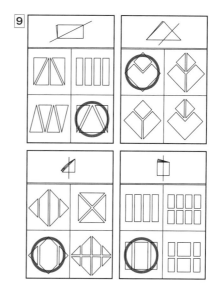

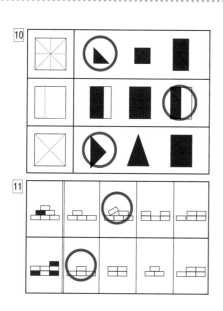

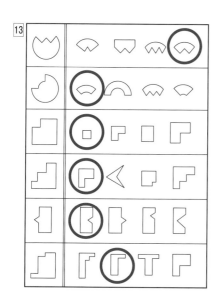

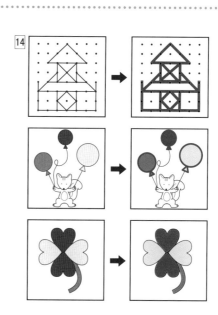

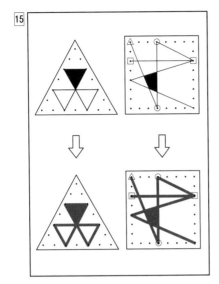

memo

Shinga-kai